对工作说不

THE REFUSAL OF WORK

[英] 大卫·弗雷恩 著
重命名小组 译

上海文艺出版社
Shanghai Literature & Art Publishing House

献给热爱生活的珍

目 录

致谢　I

引言　工作教条　I

第一章　一个挑衅　13
　　以工作为中心的社会　17
　　什么是工作　21
　　工作的起源　27
　　工作的终结　34
　　时间政治　40

第二章　工作之痛　50
　　疏离和冷漠　52
　　工作中的新型亲密　58
　　工作中自主权的限度　68

第三章　工作的殖民力量　74
　　"自由时间"　76
　　就业力的压力　81
　　消费的福音　91

第四章　工作的大本营　105
　　对不工作的人的妖魔化　108
　　认为工作是一剂良药的信念　116
　　对工作的抵抗　124

第五章　断点　130
　　永别了圣诞老人　135
　　垃圾工作　145
　　迷你乌托邦　158
　　搞坏的身体　164
　　一种有价值的伦理　173

第六章　不一样的乐趣　175
　　令人不安的乐趣　183
　　认真享用的乐趣　192
　　生产活动的乐趣　199

第七章　不完整的人　212
　　在工作的道德考验中失败　216
　　可怕的问题　225
　　隔绝和支持　231

第八章　从逃避到自主　238
　　迈向时间政治　247
　　路在何方？　257

注释　269

参考文献　278

译名对照表　295

致 谢

我要感谢Zed Books的所有人，尤其是基卡·斯罗卡-米勒（Kika Sroka-Miller）和肯·巴洛（Ken Barlow），他们看到了这个项目的潜力并让它得以落地。我还要感谢我的导师芬恩·鲍林和拉尔夫·费弗尔多年来的宽容和指导，以及其他对我的工作做出过善意点评的人，包括汉娜·奥马霍尼、格蕾丝·克劳斯（Grace Krause）、斯图尔特·坦诺克（Stuart Tannock）、弗朗索瓦丝·高兰（Françoise Gollain）、加雷思·威廉姆斯（Gareth Williams）和凯特·索珀。还应该认识到，如果没有那些坦率分享自己的观点和经历的受访者，这本书就不可能完成。感谢你们所有人。

更切近地说，我衷心感激我的父母，他们长期以来一直支持我的研究，尤其是在写作本书的最后几个月里，他们的鼓励对我帮助很大。我还要感谢我的好朋友们。无论是一起讨论想法、听我抱怨，还是用电子游戏技巧让我羞愧。你们知道我说的是谁，非常感谢你们一直以来的支持和不羁的幽默感。

这世界是一个生意场。无休止的奔忙!几乎每天晚上,我都会被火车头的喷气声吵醒。它打断了我的美梦。这里没有安息日。如果能有一次看到人类悠闲自在的时光,那都能算得上光荣。这儿什么都没有,只不过是工作、工作、工作。

——亨利·梭罗《没有原则的生活》(1962:356)

我简直无法相信这是多么漫长的苦干——仅仅为了谋生。

佚名(2014年11月)

引言
工作教条

> 现在是早上八点钟。
>
> 等你们出来的时候天就黑了。
>
> 今天的阳光不曾照耀你们。

上面这句话来自导演埃里奥·贝多利1971年拍摄的电影《工人阶级上天堂》。影片以虚构的方式讲述了意大利自治运动的斗争,一个由学生、工人、女性主义者和失业人士在20世纪六七十年代发起的抗议运动。引文是电影中的运动人士在早晨八点的工厂门口,面对成百上千正排队穿过大门、准备迎接新一天重复而危险的劳动的工人们,用扩音器大声喊出的口号。我在此引用这段话,作为对自治主义者为何而战的完美诠释。他们的事业比争取更公平的薪资和更良好的工作环境的传统工会更进一步:承认在工作内部需要更多自由和平等,但也同时为工人有权在工作之外过上更丰富的生活而斗争。这些自治主义者反对资本主义社会中时间的虚度、多样性的缺乏以及对日常生活的过度监管,他们为工人们能感受阳光洒在皮肤上、和自己的孩子玩耍、培养工厂工作之外的爱好和技能,以及在夜间安然入睡的权利而战。或许可以这样说,自治主义者提请人们注意的,并不仅限于不公正的剥削现象,还有工人阶级受损的对世界的感官体验。

与这种关切一致的是,一系列社会批评家(从法兰克福学派的作者们到安德烈·高兹[André Gorz]等思想家)已经着手从解放的立场出发质疑工作,同时支持一种基于减少工作量和增加自由时间的社会进步愿景。批评家们并未否认工作本身的重要性,也并非忽视在生产性活动中能够发掘的诸多乐趣,但他们提出的论点是,减少工作能给人们留出更多时间和精力用于自我发展。这些针对工作的批判强调一个以工作为中心的社会带来的巨大损失:人们本应用于参与政治活动、沉思、欢聚和庆祝,以及自发享受的时间,纷纷被资本主义对商业生产和消费的狭隘关注所取代。对于今天被迫通过庞大的教育系统试炼,只为完成未来求职所需的社会化准备的年轻人来说,阅读这些批判的过程就是接受一次对自身欲望的再教育,提醒他们时间可以用不同的方式度过。然而,这类理论的激进性质仍然使得它们在学术和公共辩论中处于天然的边缘位置。因而,诸如收入不均和工作环境恶劣一类的重要问题一直在被讨论,但鲜有社会评论家会去质疑工作本身的伦理地位。

尽管如此,近年来对一个更少以工作为中心的社会发展愿景的呼吁也有适度的复苏。去任何一家商业街的书店,除了那些承诺要指导读者如何影响他人、积累财富和取得事业成功的畅销书外,你还能看到一整架叫人放慢脚步、寻找更好的"工作生活平衡",以及通过减少消费来追求幸福的图书。在如今这样一个异常迷恋工作与消费的资本主义社会背景下,这些书籍传达的终极信息是十分有价值的:人们对工作悄然侵入并殖民自身生活的诸种方式日渐感到不安。然而,如果说这些颇受欢迎的批判类书籍最后对于社会价值排序的影响力有限,那大概是因为它们过度偏向个人化的解决办法。它们的错误是将工作对人的支配主要理解为个体的习惯问题,而当谈及系统性的经济和政治变革,也就是或许真正能为人们提供更多生活方式选择的选项时,可以说,这些书的态度又相当保守。

与针对"工作生活平衡"的讨论停滞不前的状况相比,更有希望的是新出现的对经济增长范式的大胆批判。传统政府总是将经济增长和生活满意度视作一回事,并把人均国内生产总值(GDP)作为衡量经济发展的标尺。后者是针对国家总体经济活动的指标,它反映特定年份中一个国家收入和支出的总额,人们普遍默认GDP的增加意味着国家整体繁荣程度的提高。然而，尽管经济增长对于欠发达国家来说仍然十分紧要——因为这些国家的生存需要仍未得到满足，但在相对更富裕的社会中，已经有一大批评论家质疑GDP增长作为社会目标和进步指标的资格。一份由法国前总统尼古拉·萨科齐委托撰写的报告在2008年提出，"我们的衡量体系从经济生产转向国民福祉的时机已经成熟"（Stiglitz et al., 2010）。这份报告尤其强调健康、教育、人际关系和自然环境对于人类发展和繁荣的重要性，它连同越来越多的证据一起表明，GDP增长就能够自然带来幸福、安全和人类进步这一命题做出了有力的反驳（见Jackson, 2009）。

将经济增长等同于生活满意度，对这种做法日益强烈的担忧，也将社会学家甚至一些经济学家带回"何为良好生活"这一最基础的哲学问题面前。批判性评论家和新一代的幸福社会学家重新开始谈论生活的艺术（ars vitae），而这不可避免地导向一种质疑，即我们的共同福祉是否真的受益于一心追求经济增长的资本主义事业。一些学者开始依靠人们的主观幸福感的数据统计（必须得说，这并不总是令人信服的），另一些则更多地从哲学思想中寻找灵感。亚里士多德关于良好生活的定义是常见的参照物，他认为当人们以一种明智、公正的方式生活，并且与外部世界和睦相处时，人类才能繁荣发展。根据他的"幸福"（eudaemonia）理念，人的幸福感不仅仅来自感官的愉悦，还来源于健康、安全、陪伴、自主、被尊重和被社会认可，以及与社群和自然环境的联结感。所有这些要素都很重要，因为人不仅仅是感官动物，也同样是道德的、社会性的和创造性的存在。因此，如果说当前对刺激经济增长的持续驱动令许多人感到不安，部分原因就在于其与亚里士多德的理念明确地背道而驰，把物质利益当成通往繁荣的唯一路径。

在一个物质充裕的时代，我们对美好生活的向往与资本主义对持续扩大生产和消费的狭隘关注之间存在着令人不安的差距。大多数人渴求更多的自主时间和更多地参与社会生活，人们对此的认识也越发明确，但这却几乎没有影响到主流的政治议程。在英国（也就是我撰写本书的语境），除了工党在2000年代中期曾对"工作生活平衡"有过粗略的关注之外，对工时问题的质疑已经逐步消失，取而代之的是对就业能力和劳动力培养的关注，因为这能确保国家在全球化经济体系中的竞争力。与此同时，福利国家的退场带来了针对不工作人士越发严厉的惩罚措施，这也大幅减少了拒绝工作的可能性。工作的道德优越性现在看上去几乎不可撼动。有偿工作继续被宣传为良好的健康状态和精神品格的来源，媒体仍然痴迷于把不工作的"寄生虫"妖魔化，旧式的工作伦理在种种迫使人们放弃福利回到就业市场的政策中愈加根深蒂固。

出于这样的政治背景，本书的核心目标正是要论证，是时候挑战现代社会以工作为中心的属性了。目前的情况是，工作成为一个高度自然化的、被视为理所应当的日常生活的代表特征。当我们考虑到在许多令人困扰的事实面前它仍然诡异地固若金汤的伦理地位时，工作的教条性质就被揭开了。试想一下今天的劳动力市场在多大程度上落后于人们对能够展现自我和发挥创造力的工作的渴望。从小老师和父母就会问我们长大后想"成为"什么，自那时起我们就被训练去投身于一份令人满意的工作，而这不过是一个幻想，我们当中的绝大多数人很少有机会在有偿工作的世界里实现自身的抱负——这个世界的标志性特征往往只是苦役、服从和疲惫。与此同时令人困惑的是，正在瓦解的劳动力市场仍未显著地动摇工作的伦理地位。大规模的失业、不稳定的工作和低工资正在使就业成为越来越不可靠的收入、权利和归属感的来源。对这一问题的正统政治解决方案是"创造就业"：通过扩大生产和产出、增加新的经济部门来制造工作。然而，正如一大批关注此事的科学家和经济学家已然指出的，持续增长不仅不太可能解决问题，还会带来一系列对环境和社会的糟糕影响。最后，想想我们在日常生活中如何无意识地接受了工作的主导地位。工作正在越来越多地将其自身的要求渗透进家庭和个人生活，以前所未有的程度影响并利用我们的情绪和个性。在努力工作的价值观下，就业能力反过来成为我们追求个人抱负、进行人际互动和接受学校教育的原动力。由此带来的负面影响是，我们的社会失去了判定一项活动即使无法提高就业能力、满足经济需求，也有价值和意义的评判标准。那些无法从经济贡献角度为自身辩护的活动和关系正遭到贬低和忽视。

奇怪的是，这些令人担忧的现实竟然都没能成功引发对我们为何工作以及工作在社会中应该如何分配的讨论。最终促使我写这本书的原因也是，我担心这些紧迫的问题——从堪忧的工作质量，到社会保障的缺乏，再到工作在我们日常生活中日益增强的主导地位——都无助于颠覆工作在未来主流政治愿景中的中心地位。风暴可能正在兴起，但工作教条仍然安全地蜷缩在它的地堡当中。我们迫切需要思考一些在当今以工作为中心的社会中被认为理所当然的现实，考虑以其他方式满足人们惯于在工作中寻求满足的需求，并思考是否有更公平、更解放的方式来分配工作和自由时间。在本书前四章中，我会主要从理论层面完成这项工作。而在本书后半部分，我的重点将转向调查那些试图拒绝工作的人们的真实生活。

2009年到2014年这几年中，我花了许多时间和一众采取实质行动来减少工作在生活中的存在的人们交往认识。他们中的一些人努力缩短工作时间，另一些则完全放弃了工作。我想要弄清楚是什么促使他们拒绝工作，了解他们用不工作的时间来做些什么，以及在拒绝工作的过程中可能遇到哪些乐趣和困难。我要事先说明的一点是，我遇到的人都是相对"普通"的人。我在此处慎重地使用"普通"一词，我想强调的是，这些人并非某类意识形态上的积极分子，也不是哪个具备完整纲领的社会运动的参与人员，他们拒绝工作并非出自任何至高无上的使命或需要完成的议程。虽然当中的一些人会自认为是"慢活族"（downshifters）或者"闲人"（idlers），但其中的大多数压根没听说过这类说法，有些人甚至对这些词很反感。我所遇见的人们的共同之处只是都希望少一点点工作，多一点点生活。

总体而言，这些拒绝工作、按照自己的理想生活的尝试是否成功？在引言部分不便多说，但在后续章节的展开中我们会看到，拒绝工作的确会带来显著的经济风险和心理风险。本书绝不是又一枚糖衣炮弹，告诉读者只要做某些事情和不做某些事情就可以过上更丰富、更自由的生活。相反，我的目的在于借鉴我所遇见的人的观点和经验，把这些作为对工作的批判以及拒绝工作的理论的养分来源——最终我认为这种拒绝必须建立在集体政治行动的基础上，而不是仅仅停留在个人层面。如果后面的讨论能让读者对自身的工作安排有所反思，我会感到十分欣慰，但这并不意味着我所见到的人们都已经发现了幸福的秘诀。应该说，本书的讨论所呈现的是一种尝试,即对其他可能选项保持开放,同时激发有利于批判以工作为中心的世界的各种想法。

至于在现实世界中反对工作的政治可能性到底是否能够得到发展,我们当然有理由感到悲观,但也同样有理由抱持希望。我从赫伯特·马尔库塞那里得到了一些启发,他那些极具煽动性的作品指出,发达工业社会有能力遏制几乎所有社会变革,但同时也一定存在能够打破这种遏制的力量和趋势(Marcuse,2002:xlv)。对马尔库塞而言,自由总是既不可能又可能。因此,我将从正反两面入手,一方面强调替代性的情感和实践经验,我们可能从中获取有助于建立反工作政治的启发,同时也承认资本主义的某些文化和结构特征在多大程度上阻碍了其他社会替代方案的发展。总之,本书的讨论和观点最好被理解为一种具有挑衅意味的努力,我希望借此邀请大家一同参与关于工作的批判性辩论。同时,我也期待书中提到的一些想法可以得到探讨、引申和批评,并希望在亟须与现状保持批判距离的当下,它们最终能够滋养人们要求变革的渴望。

本书结构

本书将实证调查部分放在后半部分,第一章"一个挑衅"由对工作概念的重审开始。我在此澄清了"工作"一词的含义，探讨了一个社会以工作为中心的种种表征，并简要介绍那些设想过不那么以工作为中心的未来的思想家。[1]第二章和第三章涉及许多重要的社会议题，并且强调这些议题与一种工作批判的关联。第二章"工作之痛"主要研究异化现象。无论是工业领域中的重复性体力劳动，还是现代工作形式中要求更多情感参与的工种，面对我们的工作生活每天都在发生的恶化，我试图探究为什么就业领域可能越来越不是支持我们完成有意义和创造性活动的合适场所。第三章"工作的殖民力量"则将焦点从工作本身转移至工作对我们日常生活的更广泛的影响。其中探讨了我们的生活如何被经济需求所殖民——去工作、去恢复精力、去消费、去培养就业能力——只剩下越来越少的时间去从事那些超越经济价值的活动。我在此提出，单单是现代生活的快节奏和实用主义本身已经构成审视工作在社会中的地位的一大理由。

从第四章"工作的大本营"开始，我将从对工作的批判性诊断转向对抗现状的可能性。这章首先考察不利因素，探讨既有的工作伦理如何妨碍重估工作价值的可能性。例如，媒体对不工作人士的持续污名化和那种将工作视为融入社会和保持健康的不可替代因素的保守信念，都相当程度上阻碍了真正的开放讨论。第四章无疑是对社会变革的前景看法最为悲观的一章，但是这一章为随后几章中更具展望性的探讨打下了基础。在第五、六、七章中，我详细呈现对那些尝试减少工时或放弃工作的真实人群的生活状况的独立调查。第五章"断点"探讨了可能导致一个人放弃工作的一些价值观和经历，介绍了研究参与者的个人情况及其动机。第六章"不一样的乐趣"中涉及拒绝工作可能面临的实际阻碍和经济上的问题，但我们同时也持开放态度，认为在向不那么注重工作、商品密集度较低的生活方式转变的过程中，人们会发现新的乐趣。第七章"不完整的人"则探究了尝试拒绝工作的过程中可能面临的羞耻感和孤立经历，至此调查的部分就结束了。我们能从这些正在拒绝工作的人的价值观和实践中学到些什么吗？他们与大多数人背道而驰的生活选择当中，有什么不为人知的好处和愚蠢之处？最后一章名为"从逃避到自主"，我在此提出，比起现存社会体制给予我们的表面上的逃离和虚伪的自由（liberties），转向一种不那么以工作为中心的存在方式也许意味着一种更有力量也更真实的自由（freedom）形式。然而，最终悬而未决的问题是，我们是否能够利用人们正在累积的不满情绪，将其发展成一种真正的政治选择。

第一章
一个挑衅

> 现代生产方式已经使我们能够为所有人提供轻松和安全的生活,我们却还是选择让一些人过度工作,另一些人被迫挨饿。我们至今仍然像机器出现之前那样"富有干劲"——在这一点上我们愚蠢至极,但绝没有永远做傻瓜的理由。
>
> ——伯特兰·罗素《闲散颂》(Russel, 2004c: 15)

普利策奖得主斯特茨·特克尔在他1972年出版的《工作》一书中,收录了对一百多位美国工作者的采访记录,从一系列令人惊叹的角度提供了一张反映错综复杂的美国生活的快照(Terkel, 2004)。在这本巨著中,我们听到了来自焊工、服务员、出租车司机、家庭主妇、演员和电话接线员的声音,每个人都讲述了他们在工作中的希望、恐惧和日常体验。书中大部分内容都是人们顺利度过工作日的应对策略,从恶作剧和嘲弄,到幻想和其他"超然物外"的方式。一个天然气读表人偷窥穿着比基尼晒太阳浴的家庭主妇来打发时间，女服务员想象自己是芭蕾舞者在桌台间滑行来让时钟走得更快。某位生产线工人说了句"去他妈的"，就未经允许直接休息了。回顾这些采访案例时，特克尔写道：

> 这本关于工作的书，究其本质而言，是一本描述暴力的书——既有精神暴力也有身体暴力。它关于创伤和事故、争吵和斗殴，关于焦虑和崩溃，也关于欺凌和发泄。在所有这些之上（或者之下），它关于日复一日的羞辱。(Terkel, 2004: xi)

特克尔书中的许多记录都有力地支撑了"工作即暴力"的结论，但我们也可以从另一些叙述中偶然瞥见工作的乐趣。在一个令人记忆深刻的案例中，一位钢琴调音师将自己的工作描绘成一种艺术练习，在将琴音调试至和谐的过程里，他会进入有如被催眠的全神贯注和充满审美愉悦的状态。他的描述让人联想到"心流"的概念：当一个人的工作任务与其技能水平及兴趣同步时，他就会进入这种彻底而幸福地沉浸于手头工作的心理状态（Csikszentmihalyi, 1990）。在"心流"中，人们会仅专注于手艺而忘记时间和空间，相较于那些只能盯着表钟滴答作响、无法将周围环境从脑海中

第一章 一个挑衅

抹去的无聊的工人们，这是一种截然不同的工作体验。

这位调音师所感受到的这份愉悦对许多人来说都十分陌生。在现代资本主义社会中，获得令人满意且有吸引力的工作的机会是极其不平等的。对于那些从事着社会效用可疑、受到工作场所中最新形式的压迫和控制的人来说，工作往往只意味着与无趣、无意义和疲惫做斗争。各种各样的个人策略帮助我们熬过工作日：我们提醒自己，我们远比自己所做的工作更有趣，我们在脑海里编排反抗老板和客户的剧目，又或者躲在愤世嫉俗的外壳中。有时，我们也在下班后设计各种精心的逃避和补偿性质的活动，以求忘却工作（或像专门的生活教练说的，"重新实现平衡"）。——在后面的章节中，我将介绍一些受访者，他们把工作描述为自己生活中一种来自外部的强制性压力。他们讲到了自己如何在工作中感到"被挤压""被控制"和"被强迫"，工作使他们感到"被人从背后监视"，"像被关在笼子里的母鸡"，或者"被一头巨大的怪兽支配"。他们提到，自己正在做的工作（或将来可能被迫做的工作）中的无意义感是痛苦的重要根源。二十多岁的马修说，想到要在零售行业或办公室里工作，他就感到对死亡的恐慌——他的焦虑让我想起特克尔在一次电视采访时所说过的话："工作不足以成为人们的精神支柱。"

当然并非没有反对工作的人。激进分子和劳工问题研究者们一直在关注工作场合中的迫切需求，即更公平的薪资、更高质的工作岗位和更民主的工作关系。这些问题都极其紧要，属于工会和左翼政治的传统领地，并且斗争还远未获胜，但除此之外，至关重要的是，我们还必须超越工人权利的范畴，去直面一系列更广泛、更根本的疑问。工作的伟大之处在哪里，以至于社会一直不断努力创造更多的工作？为什么当社会生产力发展到顶峰时，人们仍然认为，每个人都需要将大部分时间用于工作？如果将来我们不再被迫把大部分时间都花在工作上，工作的目的是什么，以及除了工作我们还可以做什么？我们将会看到，这些提问是人们对工作的意义、目的和未来进行批判性思考的悠久历史的一部分。然而，如果这些问题在学术圈外很少被提及，那么，我们或许就应当去仔细审视那些被认为是自然而然和不可避免的"现实"了。诚然，在我们无论对工作持何种态度，都必须靠一份工作糊口的情况下，也许很难有动力对工作进行批判性的思考。而在就业岗位如此受欢迎的背景下，采取批判立场甚至可能显得令人反感或者精英主义。在饱受贫穷之苦、失业率居高不下的地区，人们正需要更多而非更少的岗位，但在此要澄清的是，本书介绍的思想家绝没有对这样的事实视而不见或加以否认。我们中的大多数人都体验过对工作的强烈需求，这一点并无争议。然而，我们完全可以质疑的是，在发达的工业社会里，工作为什么还在文化、道德以及政治生活中享有显赫地位。从工作的批评者的角度来看，相较于其他休闲、实践活动和社会贡献形式，工作应该继续受到更多重视的观念无疑是费解的。

以工作为中心的社会

我们生活在一个以工作为中心的社会，从许多方面来看都是如此。首先，工作是社会收入分配的主要机制。人们需要通过工作这个中枢来获取衣食住行等物质必需品，以及现代消费主义提供的娱乐消遣商品。当我们思考工作所花费的绝对时间时——我们总是为之提早准备、接受培训、四处求职，还有焦虑和通勤——也能体会到工作的中心地位。事实上，对于大多数人来说，工作代表着家庭之外的社会生活的主要中心。在物质富裕的社会中，工作是使得我们能够进入既定生活模式的最传统、最容易实现的方法之一。从事有偿工作也是长大成人的标志，表明孩子已经成熟、实现独立，并懂得了生活在"现实世界"里意味着什么（在这个世界中，应当抛弃年轻时不切实际的理想，埋头工作）。我们的身份认同从年少时就开始与职业挂钩，孩子们在父母和老师的敦促下细化自己的职业抱负并开始培养自身的就业能力。而教育最为大家所接受的目的就是使得年轻人能够"社会化",从而成功地进入种种预定的工作角色。

每种社会都有自己衡量成就的方式,富裕社会则通常是通过工作来衡量。人们与陌生人聊天时,往往会从"你是做什么的?"开始对话(一个让没有工作或不喜欢自己的工作的人感到恐惧的问题),众所周知,这个说法也就是"你是从事什么工作的?"的简化版。人们倾向于将职业作为社会地位的度量衡还可以从各种笨拙的现代委婉说法看出,这些说法通常被发明出来夸张地描述那些被认为不那么体面的工作,比如,垃圾工人的工作是"废弃物和卫生管理",油炸厨师是"烹饪团队的一员",而失业者则是"处于空窗期"。特克尔在反思这些现代用语时指出,接受这些称呼的人本身并不一定对他们的工作感到羞耻,相反,他们只是在为自己做必要的辩护——在这个痴迷于通过工作来把人分出高下的社会面前(Terkel, 2004: xvii)。很显然,在富裕社会中,工作不仅仅是一种经济需要和社会责任,还被当作构成个人身份的关键所在。我们将工作视为个人成长和自我实现的方式,并将其构建为每个人要获得社会认可和尊重的手段——尽管我们都认识到,工作的终极功能在大多数情况下仅仅是产生私人利润而已。

工作不仅在文化中占据核心位置,在政治层面上也位居核心。在英国(我写作本书的背景),除了新工党在2000年代中期稍稍关注过"工作生活平衡"的话题,工作时长以及人们在工作之余过上多样生活的权利等问题长期在主流政治议程之外。主流的关注点在创造就业机会和就业能力,各类政治言论也继续宣扬着工作神圣、事关尊严的传统观念——这一点在有关失业问题讨论的道德论调中体现得尤为明显。克劳斯·奥菲在1985年写道,如果大规模失业持续存在,尤其是集中在特定地区时,对失业者污名化的现象就可能消失,因为失业率"不再能合理地解释为个人的失败或过错"(Offe, 1985:143)。然而我们现在可以知道奥菲的信心是错的。因为他没有预见到新自由主义如何变本加厉地将工作道德化,大力赞扬那些与"乞讨者"和"偷懒者"相对立的"勤劳者"的美德(Baumberg et al., 2012; Coote and Lyall, 2013; Tyler, 2013:第六章)。一条道德界限已经划定:你是工作的人还是偷懒的人?这种对工作的道德化已被纳入最新的社会政策中,强制性的解决就业——无论其社会效用多么可疑——成了政府的一项关键职能。近年来,随着福利制度的削弱,对无业者的审核和惩罚也相应地越加严格,这被视为应对不愿工作的人的新举措,目的是推动人们摆脱福利、走向就业。这甚至也包括传统上被免除工作义务的群体,如单亲家庭和残疾人。所有这些措施都大大减少了在有偿工作之外能够选择的生活方式。社会学家凯瑟琳·凯西正确地总结道：

> 无论一个人是否有工作，正在为工作做准备或正在找工作，当然也无论一个人是否喜欢自己的工作，被当作社会惯例组织起来的工作传统都在很大程度上影响着大多数人的日常生活体验。（Casey, 1995 : 25）

在这个章节，我会着手对这种情况做出回应，揭露我们生活中最为核心、最理所当然的部分——工作——的非自然性，并将其作为批判性辩论的对象。如果说目前，工作确实是人们社会性、权利、地位和归属感的核心来源，那么重要的就是认识到，这种现况仅是社会和历史的产物，而不是某种自然秩序的固定特征。首先我需要阐明我用工作一词的含义，并在此过程中对工作批判的内涵做一些初步说明。接着，我将简要介绍一些描述工作的发展历史的研究，以期对工作在现代资本主义社会中的核心位置保持一些批判的距离。在本章的最后一部分，我将介绍一些提倡大幅减少工作时间，以此动摇工作的中心地位的批评家。他们描绘了一个非正统的，但充满吸引力的愿景：工作不再是社会的中心，而是从属于人们对独立自主的需要和对更丰富多彩生活的追求。

什么是工作

"工作"这一概念能够引发极其广泛和多样的联想,试图对它下定义时,人们很容易就掉入一个充满注意事项和矛盾的灰色地带。对一些人来说,"工作"一词可能会让他想到做手工艺、发挥创造力的乐趣。马克思认为,在最理想的状态下,劳动是定义了人性的活动。按照这种观点,人类之所以有别于其他动物,是因为他们有能力去构想和实现一个由人造物组成的世界,从而为世界的发展轨迹开辟全新的可能。在艺术界,工作一词也有类似的美好寓意。"我的工作",也就是我作为作者的才能和情感的具象化,能够使我无形的内心世界变得有形。从审美创作的角度来说,工作甚至寄托了作者对不朽的追求,创作者希望借此为自己在世界上的有限存在留下恒久的证据。从教堂和桥梁一类的宏大建筑到小说和电子游戏等各种文化艺术品——所有这些都是工作的产物。

然而,如果我们用这些方式来定义工作,将其表述为一种创造性活动,那我们又该用什么词语来称呼那些毫无新意、仅由琐碎事务和例行公事组成的工作呢?对于那些抱怨自己在呼叫中心或超市收银台干活,或者在电脑前日复一日输入数据的工作者来说,他们更可能认为工作仅仅是为了自我保存,而非自我表达。对于依靠日常苦干糊口的我们来说,"工作"唤起的并不是浪漫的联想,而是与"苦差事""劳作"或"负担"这类词关联的畏惧感;它代表一天中直至下午五点(在这个令人垂涎的时刻,工作放松它的控制,我们终于能做回自己)前那段苍白难熬的时间,而不是什么快乐源泉或一种表达自我的形式。在定义工作的复杂性之外,我们还能发现工作一词所带有的道德色彩:它经常被用来悄悄传达某些活动比其他活动更值得尊敬的伦理观念。在一个将工作与受人尊重、融入社会、值得认可等含义联系在一起的社会背景下,将哪些活动认定为"正经工作"就成了重要的问题。家务劳动,还有某些形式的艺术活动、脑力劳动或者照护工作等,继续尴尬地处在社会定义的真正"工作"范畴的边缘,尤其是当这些活动的价值难以通过可衡量的社会或经济贡献来说明时。

如果说在日常语境中"工作"的内涵仍然是边界模糊和备受争议的,在学术领域内无疑也是如此,我们在其中发现,给工作下定义的历史脉络复杂至极、令人困惑(见Granter, 2009:9-11)。在本书中,我将接受安德烈·高兹的观察,即:在现代资本主义社会中,对工作的普遍文化理解是"一种为了工资而从事的活动"。"工作"的标签似乎最常被用来区分有偿活动和无偿活动,它指代的是在特定的"工作岗位"上进行的活动——对应的,我们开始工作和结束工作的过程，被通俗地称之为"上班"和"下班"。高兹举例解释了这一定义：同样是种植蔬菜，商品蔬菜的种植者可以说是在工作，而矿工在自家后花园种韭菜则是在从事一种自主选择的活动（Gorz, 1982 : 1）。高兹在其他文章中，把这种对工作的主流理解称为"经济意义上的工作"，它是一种用一定的生产时间来换取工资的契约交换，并与"为我们自己工作"区分开来（Gorz, 1989）。如果说有偿工作的主要特征之一是它在一般意义上为社会服务，那么"为我们自己工作"的独特之处在于，工人决定进行这项活动是为了自己，或者某个跟他没有经济瓜葛但有关系的人的直接利益。可见，"为我们自己工作"基于互惠和互利的原则，而不是商业意义上的等价交换；它经常具备"礼物"的性质，是出于对他人的尊重和责任感。在当今以就业为中心的社会里，"为我们自己工作"的内容往往局限于买菜、做饭和打扫卫生等家务劳动，且这些活儿常被挤压到晚上和周末进行，令人不快地占用了休闲时间（并且不成比例地为女性所承担）。高兹认为，在一个有更多自由时间的社会中，这类"为我们自己工作"的范围可以更广——理论上，从修理到打理社区农圃、医疗照护和非正式的教育工作，都可以归入其中。

与"经济意义上的工作"和"为我们自己工作"都不相同的，是高兹称为"自主活动"的第三类活动，它包括那些

"行动本身就是目的"的活动。这类活动是由人们自主发起的,源于有意识的自我选择而非任何外力干涉。从个体的角度来看,自主活动的主要目的不是为了赚钱,也不一定是为了实现某种能被简单表述的目标;相反,人们在自主活动中追求的是自己所定义的"真、善、美"。可以说,自主活动仅因个人的乐趣和兴致而发生,它的价值很难用经济或者社会效益衡量。[1]高兹认为,自主活动的一个显著标志是,实现目标的行动过程本身给人带来的满足不亚于最终完成它的成就感(Gorz, 1989:165)。

我无意再赘述工作的不同形式的差异,在此已经可以为大家做出总结,本书介绍的理论家和受访者都对上述第一个类别的工作,即"经济意义上的工作",抱有批判态度。(为方便起见,下文我将交替使用"工作""劳动""就业"等词,用它们统一代指有偿工作的现象。)以上区分是为了从一开始就说明,对工作的批判并不等同于拒绝一般意义上的生产性活动——至少对那些值得尊敬的工作批判的支持者来说是如此。1883年,法国作家(马克思的女婿)保尔·拉法格在圣佩拉吉监狱的牢房里写下一本题为《懒惰的权利》的著名手册,抨击人们对"工作义务""工作神圣性"的普遍崇尚。他写道:

> 在资本主义文明盛行的国家,工人阶级都抱有一种

第一章 一个挑衅

奇怪的错觉——要热爱工作,甚至为其狂热,哪怕这会耗尽个体及其子孙后代的生命力。这种扭曲的观念使个人和社会深陷灾难,两个世纪以来持续折磨着我们可悲的人性。(Lafargue, 1975: 35)

也许应指出,该著作是以强烈的讽刺口吻写就的——在其中,拉法格更像在扮演一位挑衅者而非传统的学者——然而他的贡献仍然值得深入探讨,因为它和本书呈现的工作批判有许多不同之处。针对拉法格提到的工人们的"错觉"和他们对工作的狂热表现,这里提出第一个不同见解:我认为,人们并不是因为错觉的驱使才去勤劳工作。作为工作者,我们的行为和选择受制于当前社会特定的道德、物质和政治压力,也就是说,发达工业社会的社会体系决定了大多数人满足自身需求(包括衣食住行等物质需求,以及获得社会认可和尊重等这类机制更复杂的心理需求)的唯一途径就是工作。正如我们将在后文读到的,那些尝试采取不工作的生活方式的受访者们,无论他们理性上思考得多么通透,也常常背负巨大的财政及心理风险。我们也不能忽略,许多人都将工作视为乐趣和成就感的来源。在与他人齐心协力实现某个目标、挥洒汗水、手脑并用等过程中,人们可以获得极大的满足感。关于生产性工作的乐趣和尊严的伦理话语并不完全是剥削过程的附属产品。即使在工作的内容可能不具备任何意义的情况下，人们仍然可能会享受工作，或者至少将其视为摆脱私人领域中的生活限制的机会，这也是女权运动要为妇女争取工作权利的部分原因。

> [工作]为人们提供了一种渠道，可以摆脱家庭或乡村群体中单调而令人窒息的循规蹈矩。与那些首先将你视作女儿或儿媳、姐妹或表姐妹，并将你束缚在一个精心规范、人人都得安分守己的世界中的人相比，和工作中的来自五湖四海的同事的相处可以更自由、更有界限感。（Gorz, 1985：54）

像拉法格那样谈论工人的"错觉"会把批判引向错误的对象。本书要达成的，是对工作的批判而非对工人的批判，也就是说，本书提供的是对压在工作者身上的道德体系、物质基础和政治环境的批判，而不是对工作者自身态度的评判。

拉法格著作中具备争议的第二点，是其标题中提到的懒惰的权利。我们必须肯定拉法格在其中传达的戏谑，但同样要在本书开头强调的是，对工作的批判并不等同于对懒惰的辩护。相反，它表达出对拓宽自主活动的空间、腾出时间为我们自己而工作的渴望。即使在解放工作者的愿景中，一段令人愉悦的"偷懒"时间合理地占据着一席之地，但工作者解放最终追求的与其说是懒惰的权利，不如说是更充分地进行自主活动的权利。正如凯西·威克斯精彩的表述所言，对工作进行批判并不意味着全盘否定其价值：

> 相反，这种批判坚持认为，还存在其他组织和分配工作的方式，并提醒我们在工作之外发挥创造性的可能。这意味着，我们当前在工作中体验到的愉悦完全可能通过一系列其他途径体验到，甚至还有更多种类的乐趣等待我们发现、培养和享受。

另外，对工作的批判也提醒我们，"为了工作而活和通过工作而活的意愿使得人们成了完全服务于资本主义目的的主体"（Weeks，2011：12）。如果本书介绍的作者和研究参与者们对工作持有批判态度，并不是因为他们仅仅想捍卫懒惰的权利，而是因为，有偿工作的义务如此普遍地妨碍人们去从事真正具有创造性、协作性的有益活动的可能。

工作的起源

我们可以先简要思考工作的历史偶然性，来开启对它的批判性探究。研究工作历史的学者们发现，工作（包括广义上的"生产活动")并不总是被视为对个体的恩赐,例如在《创世记》中,上帝将劳作一生作为对亚当和夏娃的惩罚。在古希腊,工作是一种低贱而不体面的活动,因而被视为诅咒。工作受到蔑视,是因为它意味着必然性——人们因生存的需要而被奴役——因此它并不被认为是自由人应当做的事。工作被指派给奴隶——那些与社会隔绝的人,因为他们的体力劳动使得他们无法从事政治、艺术、沉思等被认为更配得上公民的活动。可以说,希腊公民参与知识和政治生活的自由来源于被武力征服者们的必要劳作。正如汉娜·阿伦特所述,"沦为奴隶而劳碌一生是极为沉重的打击,这是比死亡更糟糕的命运,因为它使人变成类似被驯服的动物一样的东西"(Arendt, 1998 : 84)。

关于工作态度的历史演变最为著名的研究之一是马克斯·韦伯的经典作品《新教伦理与资本主义精神》。这部著作最初发表于1904年,其中重点分析了帮助资本主义塑形的文化力量,强调了现代工作依恋形成的历史性。韦伯在书中将现代性社会与他所称的"传统社会"进行了比较。在传统社会(或前资本主义社会),人们根据自身的明确需求来调节自己的工作量,即只在必要的情况下劳作:"追求赚更多的钱并不是人的'天性',人通常只希望能按照自己习惯的方式生活,并为此赚取必要的收入。"(Weber, 2002 : 60)如农耕社会中，庄稼人会掂量干多少农活可以支撑自己的舒适生活，首先要保证的是自由的空闲时间，而非更高的经济回报。可以说，庄稼人是为了生活而工作，不是为了工作而生活。

韦伯认为，随着清教徒道德或"新教伦理"的兴盛，社会对工作的态度发生了转变，工作逐渐被认为具备内在的美德。他将对工作的伦理投入追溯到宗教改革的背景下，这期间，清教价值观从修道院蔓延至世俗社会，开始教导人们通过献身工作来寻求救赎。根据这种宗教道德观，人应当热心地投入工作，将其视为某种天职或是精神召唤，但与此同时，工作带来的经济回报又不应当用于享乐或换取闲暇。韦伯还讨论了牧师约翰·加尔文颇具影响力的教义。加尔文宣扬的"先定论"认为，只有上帝预先确定的少数选民能在天国获得救赎。他教导人们，在工作上取得成功是上帝恩典的象征，而投身于工作是个人面对永世惩罚的恐惧时能够获得安宁的唯一手段——经由这种道德理想与宗教教义的结合，工作被提升至道德义务的地位。

毫无疑问，现代社会对工作的注重中仍有清教观念的影响，但这并不是说清教价值观仍然充当着当今工人有意识的动力来源。韦伯在解释新教伦理和资本主义关系时提出了一个对社会学学者来说已经耳熟能详的观点，也即，早期禁欲主义的工作冲动带来了理性化组织的遗产。在对工作的热忱奉献当中，企业主们通过建立起科层组织、将工作流程标准化，从而更加高效地利用他们拥有的劳动力，提高了生产力。随之而来的是，那些经营效率和竞争力低下的企业纷纷破产，被视为企业家精神使命的工作由原本的"田园牧歌"变为一种"苦涩的、充满痛苦的恶性竞争"（Weber, 2002: 68）。这一理性化的过程产生了韦伯在其著作标题中所说的"资本主义精神"。资本主义在将自身建成一个所有人都感到注定要参与其中的世界后，就不再需要新教价值观的支持："在发展期，资本主义需要劳动者出于良心而甘愿接受经济剥削，而当其掌权后，它已经能够不借助超验的奖惩就迫使人们劳动。"（Weber, 2002: 282）

韦伯的主要观点是，工作的道德性已经根植于资本主义社会的构造中：工作伦理在我们的生活中徘徊，正如"死去的宗教信仰的幽灵。"（Weber, 2002）马克思在他"经济关系的无声的强制"的著名理论中，也提到类似观点，这引起人们对工作的惯例性质的关注——我们选择工作的部分原因是，这是一件自然而然要做的事。在更晚近的时间里，富裕社会中的工作者是继续出于对工作本身的道德信念而工作，还是工作伦理已经让位于为获取物质回报而工作的享乐主义欲望，也引发过争论。丹尼尔·贝尔在分析美国消费文化的兴起时指出，在整个20世纪的发展历程里，勤劳、节俭和

第一章 一个挑衅

自我克制的传统资产阶级价值观逐渐式微,到1950年代,人们关心的已经不再是"如何工作和取得成就",取而代之的是"如何消费和享乐"(Bell, 1976:70)。然而,我们可以观察到,无论传统的工作伦理在多大程度上被消费享乐主义超越,人们行为的结果大体上是相同的——在两种情况下,都被训练为深信要为工资而工作。赫伯特·马尔库塞在《单向度的人》一书中发现了这点,他认为资本主义的发展见证了对感官欲望的追求与服从性文化的生产之间日益和谐的关系(Marcuse, 2002)。现代消费文化与工作律令几乎总是协调一致地运作,部分原因就在于人们为娱乐商品买单的需要迫使他们投入更多的时间和精力挣钱。因而,在现代资本主义社会中,放纵和逃避非但不是文化上的禁忌,反而被不断鼓励,尽管总是伴随一个代价——对工作的投入进一步加深。在这种情况下,大众消费并没有扼杀工作伦理,反而巩固了它,与此同时消费取代宗教成为人们暂时摆脱令人苦恼的工作现实的主要手段。

历史视角的价值在于,它能让我们与当前以工作为中心的现状保持一定的批判距离。威克斯指出,韦伯的《新教伦理与资本主义精神》在这方面尤其有价值,因为该书论述范围涉及新教工作伦理盛行前后的时期,让读者得以理解现代社会对工作沉迷的特殊性。读者会思考过去,会从传统旧社会的价值观出发去反思现代工作的崇高地位。正是在这一历史视角下，我们才惊觉当代对物质财富的渴望毫无限度，而工作终有一天会成为个体身份认同的主要支柱。韦伯还邀请读者回顾过去，从世俗化的现代社会的角度思考工作伦理的诞生：这里令人惊讶之处在于，现代社会中最为理性化和工具化的活动——也就是纪律严苛的生产性劳作——竟然是某种完全非理性的宗教伦理的产物（Weeks, 2011：42-47）。从现代工作者的视角来看，与他们更加世俗而利己的价值体系相比，清教徒们愿意为工作牺牲自己，不管工作内容或物质回报如何的想法看起来是极其怪异的。

韦伯的研究重点是对工作的道德加持，但我们可以注意到，随着工厂制度的发展，20世纪头十年的工人还同时受制于工作律令的新技术，这些新技术极具侵略性。工人们自主选择劳动时间和强度的愿望不仅受到工作伦理的攻击，也被更可感知的工作日本身的转变而影响。比如，工资制度的出现将工人的收入与工作时长挂钩，而劳动因为采用钟表时间而受到严格规划，并变得同步。到20世纪，工业化为管理者提供了空前的机会来协调和控制劳动过程中的节奏和程序。工作被切割为多项重复乏味的固定任务，工作节奏由流水线的运行决定。惩罚制度和监控技术督促工人保持警觉和守时，工人时刻被提醒本杰明·富兰克林的那句名言"时间就是金钱"。通过这一整套措施,守时、高效和生产率成为人们工作日的座右铭(Thompson, 1967)。英国经济学家威廉·贝弗里奇也为工人的进一步整合发挥了重要作用。他提出的劳动力交易所系统代表了有意排除那些希望限制劳动的工人的尝试。用贝弗里奇自己的话说:"劳动力交易所能打消人们不时找一份临时工作的想法。"如果一个工人不愿从事全职工作,那么那些交易所会被要求拒绝为他提供工作机会。贝弗里奇对临时工的打击还通过他对1911年《国民保险法》的修改实施,改后的《国民保险法》规定,使用临时工的雇主须缴纳更高的税款(Whiteside, 1991:62-63)。相比于韦伯描述的对工人的道德教育,这些技术代表了一种更直白也更具强制性的纪律。

其他作者对工作态度的发展历史已经做过比此处详尽得多的论述(如Anthony, 1977; Beder, 2000)。他们所有的分析都表明一个事实,在工业化社会中,人们对工作的主观调控和适应远远落后于工作量的客观扩张。早期资本主义很难说服人们接受规律且纪律严明的工作,人们对全职工作的抵触一直持续到20世纪,尤其是在那些传统上依赖临时工的工业部门。资本主义的历史是一部个人逐渐与工作日所做的牺牲和解的历史。这不是一个一帆风顺的过程,而是一场通过各种手段对工人的习惯进行严格改造的斗争:"在所有这些方式中——分工、劳动监督、罚款、铃声和钟表、金钱激励、布道和学校教育、压制集市和体育运动——新的劳动习惯得以形成。"(Thompson,1967:90)如果说,社会以工作为中心的属性变得如此自然以至于看上去无可避免,那么认识到工作态度的历史偶然性,则有助于我们与这种工作被高度正常化的状态保持一定的批判距离。由上文可知,工作并不总是处于社会的道德、文化和政治生活的中心;现在,我要开始谈谈社会批判家们的一系列观点:他们都质疑工作是否能够且应该在未来保持它目前的崇高地位。

工作的终结

本书最终关心的一个问题是:未来是否可能让每个人都减少工作量,从而把更多时间用于自主的自我发展?这并不是一个全新的问题,而是深深地交织在一个延续了几个世纪的知识传统当中。这一传统中的思想家有不同的背景,但将他们聚集在一起的是对解放性的社会转型的共同关注。无论其研究的具体视角是什么,他们最终的焦点都在于当前现实与未来可能性之间令人痛苦的鸿沟。正如埃里克·奥林·赖特所说:

> 让我们从一个简单的、无可争议的观察开始:我们

生活的世界，既有卓越的生产力、富足的物质和各种能够激发创造力和成就感的机会，但也伴随着持续存在的苦难，以及人类潜能不断受挫的事实。(Wright, 2010：39)

本书提到的评论都对工作的未来提出质疑，它们是批判社会理论这一范畴更广的项目的组成部分（或至少与之一致），而后者总是以赖特毫无争议的观察作为起点。批判社会理论的总体目标是对社会发展的过程进行审视，反思其中可能阻碍人类自身能力发展的问题，无论这种能力是生理的、艺术的、智力的、社会的、道德的或精神的。

对工作的批判通常被认为是马克思主义的传统，但事实上，在马克思之前，工作批判的许多关键主题就出现在了傅立叶、威廉·莫里斯和托马斯·莫尔等早期乌托邦作家的作品中。例如，傅立叶认为工作有潜力成为满足感的主要来源以及人类力量得到最充分表达的舞台，但另一方面，他为这一理想和工业资本主义所实际提供的工作体验之间的差距而深感困扰。他将19世纪初的磨坊和工厂称为"名副其实的墓地"，工人出于对生计的忧虑而工作。工作中沉闷的必然性所产生的倦怠感，又进一步毒害他们的自由时间（Beecher, 1986：276）。"和谐"是傅立叶笔下超越"文明"的历史阶段的乌托邦社会，在对这个社会愿景的详细描绘中，傅立叶将悲惨的工作现状和他的吸引人的劳动理论进行了对比。在"和谐"的蓝图中,工作将会以一种让人充满激情和渴望而非令人生畏的方式组织起来。工人可以自由地选择工作,并在愉快的环境中开展各种各样的生产活动,其间既有合作精神,又有健康的竞争意识。令人愉快的工作是傅立叶的乌托邦设想的核心所在,工作在这里成了一种近乎游戏的活动,几乎可以消除人们从中逃离的欲望和在工作之外休息的需要(Beecher, 1986: 274-296)。

傅立叶消解工作和游戏界限的愿望,后来得到威廉·莫里斯的响应,他也认为现实中劳动的无趣应归咎于其"强加于人"的性质,劳动是"当前生产系统为了特权阶级的利益强加给我们"的活动(Morris, 1983: 44)。与傅立叶一样,莫里斯也对将工作改造为愉悦和审美乐趣的源泉这一设想感兴趣:工作应当成为"生活的装饰部分"的区别性特征(Morris, 1983: 46)。在如何实现这一目标的问题上,莫里斯比傅立叶更具探索性,尽管他很大程度地偏离了傅立叶。总之,对于我们的探讨来说重要的是,莫里斯是最早一批严肃提出要工作得更少的评论家之一。傅立叶认为即使是最琐碎的工作也可以变得令人愉悦,从而让人乐意延长工作日,而莫里斯的主张是通过大规模地减少工作来消除不愉快的劳作。减少工作的命题实际上可以追溯到远早于工业社会的1516

年，托马斯·莫尔出版的《乌托邦》一书中。在莫尔的乌托邦愿景中，通过生产更高质量的产品、限制多余商品的生产以及在人群中更平等地分配必要工作，劳作的苦役就能减少（More, 1962）。莫里斯等作家把工业的快速发展和减少劳动的前景联系起来，开始讨论应用技术的可能性。生产技术的效率越来越高，会让公民最终从辛苦的劳作中获得更大程度的自由吗？莫里斯认为会的，技术的发展将使得讨厌的劳动"在每个人身上都成为极轻的负担"（Morris, 1983: 51）。

虽然我们还可以在这些早期乌托邦作家的作品中找到更早的谈论工作的例子，但工作批判的具体讨论总是跟马克思联系起来进行的。正是马克思的思想激发了有关工作带来的精神和心理代价的丰富研究，尽管他到底有没有论证应该减少工作并对工作去中心化仍有争议。[2] 在《资本论》第三卷最著名的段落之一中，马克思似乎确实预示了缩短工作时间的观点。他将工作归入世俗的"必然王国"中：这是人类要踏入真正成为世界和文化的主人的"自由王国"前所必须克服的强制劳动。马克思明确提出，自由王国的扩大可以通过工作日的缩短来实现（Marx, 1981: 959）。在马克思对于技术的复杂看法中，我们也能发现类似的论点。在他看来，尽管机器技术是控制工作过程和贬低工作价值的工具，但它们巨大的生产能力理论上也可以用于减少必要劳动，令工作让渡出更大的自由空间:"[资本]成了为社会可以自由支配的时间创造条件的工具,使整个社会的劳动时间缩减到不断下降的最低限度,从而为全体[社会成员]本身的发展腾出时间。"①(Marx, 1972 : 144)

马克思对技术的看法为一些作者后来称之为"工作的终结"的论点奠定了核心的前提,也即生产技术的进步会逐步消除对人类劳动的需求(Rifkin, 2000)。在资本主义社会的当前结构中,机械化和生产效率的提高导致工人失业无疑是人们的重大关切,这种被迫失业(通常被称为"技术性失业")使得成千上万的人陷入贫困并被社会排斥。但另一方面,持工作终结论的作者也同样为生产技术的发展消除人类劳动欢呼,因为它开启了自由时间大幅增加的理论可能性。

"工作的终结"这一核心思想有许多版本。在凯恩斯的一篇著名文章中,我们可以发现,对他来说,更大的工作自由似乎是一种现实的甚至即将实现的可能性。在1930年代首次发表的《我们后代在经济上的可能前景》一文中,凯恩斯预测,生产技术的进步可能会缩短工作时间,到2030年,全人类的平均工作时间将减至每周15个小时(Keynes, 1932)。

---

① 中译见《马克思恩格斯全集》第31卷,人民出版社,1998,第103页。——译注

第一章 一个挑衅

凯恩斯在说到未来的社会最终"解决"了"经济问题"(指物资稀缺,没有足够的商品流通)时探讨了这一点,而那时人类将有幸面临一个更深层次的议题:"在摆脱紧迫的经济忧虑后,人该如何使用他的自由,在科学和复利为人类赢得闲暇之后,应该如何度过闲暇时间,去更明智、更惬意、更好地生活。"(Keynes, 1932: 366)。当然,能否让生产的发展最终有助于人类自主性的提高,不仅取决于技术是否能够减轻对劳作的需求,还取决于社会在道德和政治上的致力方向。新技术将用于什么目的以及谁的目的?节省出来的工作时间将如何在社会上进行分配?社会应该在多大程度上容忍经济的无节制增长?继续将工作伦理视作一种文化理想来维护是否合理?如果社会想要让技术发展实现其真正的益处,我们就需要进行严肃的政治讨论。如马尔库塞所说,我们需要讨论如何最好地利用社会的技术和智力资源从而"以最少的辛劳和痛苦,最大程度地满足个人需求、发展个人才能"(Marcuse, 2002: xli)。

正是这些突出的道德和政治问题定义了马克思之后的批判社会理论——作者们试图弄清为什么在科技空前发达的时代,人们的生活仍然劳累和压抑。和凯恩斯一样,许多社会批判作者认为,社会在物质充裕的年代继续强制要求人们工作是极其不理性的。马尔库塞在《爱欲与文明》(Marcuse,

1998)中指出了这种情况的荒谬性:现代人所感受到的压抑是一种人为的或者说"剩余"的压抑。在此使用"人为"一词是为了表明,迫使我们将生命中的大部分时间用于劳动的不再是人类在自然界中生存这一不可避免的严酷事实,而是一种强加于人的不合理、不公正的社会制度:这种制度不仅使可用资源在社会各阶层之间分配不均衡,而且还在不断地创造新的需求以延长工作的寿命。[3]马尔库塞(以及他隶属的法兰克福学派批判理论)的主要贡献之一,就是阐明了资本主义的强大韧性。凯恩斯和其他持工作终结论的乐观主义者们有时并没有充分说明,那些结构性的力量和文化力量能在多大程度上被调动起来以反对削减工作的可能性。我会在后文讨论这些反对性的力量和意识形态时,再回到这一点。同时,我们可以通过考察安德烈·高兹的理论来更进一步了解批判工作的路径,他是这一领域相对晚近且始终吸引人的工作批判的倡导者之一。

时间政治

安德烈·高兹从不宣誓忠于任何既定标准,他曾以记者、经济学家、社会学家和存在主义哲学家的身份进行写作,但可以说,所有这些都无法定义他的工作,真正能够说明高兹的思想的只有他对人类自由坚定不移的追求。[4]就我们的讨论目的而言,高兹思想中最引人注目的特点之一在于,他拒绝将工作的问题简单化约为工资和工作条件的问题。他认为,要全面地理解工作的负面影响,就必须意识到工作正以更广泛的方式支配着我们的日常生活。以高兹为代表的左派旨在争取的正是工人在工作之外过上丰富而有趣的生活的权利,但这一斗争已经被人遗忘。作为一个作家和社会批评家,他也始终捍卫每个人自主地进行个人发展的权利。

高兹几十年来在一系列写作风格、社会影响、理论侧重各不相同的作品中探讨上述主题,但最终串联起他的工作(至少是后期作品)的思想核心可以说是对时间政治的倡导,也即,一种围绕生产目的和工作时间的社会分配进行的批判性的、开放的、民主的讨论。与其他持工作终结论的思想家一样,高兹也褒扬资本主义发展带来的生产力的巨大飞跃,但他强调的是,如今在资本主义生产能力的顶峰,社会面临的最紧要的问题在于:该如何使用因生产力提高而节省下来的时间?从社会的角度,我们要赋予这部分新的自由时间怎样的意义和内容?是将其倾注于工作外的生活、滋养人与人的联结、追求自我发展,还是按照经济理性的要求,一如既往地把更多的时间精力用于工作?

高兹对于时间政治的呼吁反映了这样一个信念:回答这些问题的权利应当交给人民。除非人类能够获得引导他们实现人道主义的社会目标的视野，否则资本主义生产发展所节省的空余时间就毫无意义。时间政治是必要的，因为"生产力的发展本身可以减少必要劳动的量，[但]它本身无法创造条件，使时间上的解放成为所有人的解放"（Gorz，1989：185）。高兹本人最为人所知的事业或许就是他倡导一项在全社会范围内通过政治协商削减工作时间的提案。在他看来，缩短工作时间的目的应该是让生产力进步所省下的时间用于人道主义的目的，为个人的自由发展创造更大的空间，有更多的机会参与政治生活、欣赏乃至创造文化作品等一系列工作之外的自愿自发且能够帮助定义自我的活动。

高兹呼吁的缩短工时的益处是多重的。据高兹推断，缩短工时不仅允许人们有更多的时间在工作之外进行自我发展和开展集体合作，还可能帮助改善工作制度之内的条件和环境。因为在工作外体验到的对自主性的新兴趣，可能会反过来鼓励人们"更严格地对待工作的性质、内容、目标、组织管理方式等"（Gorz，1989：93），从而激活传统的劳工斗争。对于专业工作者来说，更少的工作还可能使其提高工作效率、保持思维敏锐。孜孜不倦地投入工作并不一定是确保成功和保持创造力的最佳方式，而缩短工时的政策可能会让工人们有时间更新知识、尝试新想法和扩展多元兴趣（Gorz，1989：193-194）。[5]高兹的设想无疑是激进的，他也敏锐地意识到，他对缩短工作时间的呼吁与发达工业社会的现实之间存在鸿沟。在现实中，如何处理节省下来的工作时间，并不像高兹所希望的那样取决于严肃的政治辩论，而是预先被利润和增长的经济律令支配了。

对于那些未能发展时间政治的社会中，生产力发展所节省的时间将会用在何处？高兹对这个问题提供了几个答案，并对资本主义做出了精辟的论断：在这个系统当中，对私人利润的追求而非时间政治，决定了谁来工作、工作多长时间以及为达到什么目的。工作时间节省下来在资本主义社会中最显著的结果就是造成失业。在发达工业社会中，生产效率的飞跃意味着生产社会必需品所需要的人力会年复一年地减少。而当经济因为任何原因放缓或其增长速度不足以抵消生产率的提高时，人们就变得难以从有偿工作中获得足够的稳定收入，许多人最终失业。一系列研究（包括我稍后会提到的一部分）都详细论述了这种情况对个人造成的负面影响，这里只需指出，虽然失业者名义上处于工作之外，但他们并没有摆脱工作。在一个以工作为中心的社会背景下，失业是一片无人区，这通常代表一段背负经济压力、被社会孤立和歧视的停滞时间。即使在大规模的失业面前，工作也仍然被认为是经济收入、权利和归属感的来源时，社会就使得"不可避免的闲暇造就了大范围的苦难，而不是普遍的幸福。还

有比这更荒唐的事情吗?"(Russell, 2004c: 7)

我们在当代资本主义中要面对的是这样一种扭曲的情形:最高级别的工人经受着长时间工作的折磨,但同时越来越多的人因为他们的劳动力不再被需要而饱受痛苦。后者要么完全没有工作,要么充当低薪且缺乏保障的劳动力后备军,为那些希望能够根据需求的波动灵活调整劳动力的产业服务。而缩短工时的政策目标之一,正是修正这种工作的错配,在人群中更公平地分配现有的工作——所有人都应该减少工作,以便所有人都能工作,以便每个人都能获得更多的自由时间并从中受益:

> 时间政治的功能之一,正是按照公平正义而非经济理性的原则,来分配节省下来的工作时间。这些时间是整个社会的共同成果,我们的政治任务是按照每个人都能从中受益的方式,在全社会范围内对其进行重新分配。(Gorz, 1989: 191)

如果没有这样的政策,我们就会陷入一个人们在经济上和心理上都依赖于一项稀缺活动的社会。毫不夸张地说,这样的状况是非理性且极度不人道的。正如汉娜·阿伦特所述:我们被困在一个"工人没有工作"的社会,在这个社会

第一章 一个挑衅

中，对大多数人来说，最紧迫的问题不再是受剥削，而是缺乏足够多且足够稳定的被剥削的机会。

还有什么比"工人没有工作"的社会更糟糕的呢？高兹认为，更糟糕的可能是一个打着进步旗号、不懈地以经济增长计划来应对失业问题的社会。纵观资本主义历史，社会往往通过增加特定行业的产出，或开拓新的行业和部门，以此弥补生产率提高对劳动力的替代效应。安德斯·海登将此称为扭曲的跑步机逻辑："仅仅为了维持就业水平，就需要永不停歇的经济扩张。"（Hayden，1999：33）海登提到的跑步机逻辑揭示了节省下来的时间的第二种去向，即通过创造更多的工作，把时间重新用到经济扩张中去。对资本主义来说，既不生产也不消费的自由时间是无用的。为了榨干自由时间以获得更多利润，资本主义历来的做法同样是创造新的工作形式——往往是非生产性的、有害环境的工作——并推动商业活动更深地入侵私人生活（见Bowring，1999）。在高兹看来，令人忧虑的是，现代的许多岗位完全是没有意义的。大量的劳动力用于生产、推广和销售那些表面上多种多样但实际上功能有限、使用寿命短暂的消费品。大卫·格雷伯在反对"狗屁工作"的檄文中也提到，公司法、学术行政和卫生管理、人力资源和公共关系等领域都发生了前所未有的扩张。除此之外，我们还可以注意到，为这些行业提供行政、技术、安保支持的巨量人员，以及服务业的几千种工作——从洗狗工、家政保洁员，到24小时运转的比萨外卖员——这些工作之所以存在，是因为选择为其付费的人正忙于工作而分身乏术（Graeber, 2013）。近年来，人数不断膨胀的服务业阶层的日常经验已经促成了一些令人不安的案例研究（Ehrenreich, 2002；Toynbee, 2003），而高兹对其中内在的社会不公正有深刻的批判：一部分人通过将自己的家务琐事转嫁于另一部分人来购买闲暇。在高兹看来，正是对工作意识形态的盲目依从让人难以意识到，如果每个人都减少工作，那么每个人都能在谋生以外的时间内，将自己的生活打理妥帖（Gorz, 1989：157）。

总的来说，高兹作为一位社会评论家的根本力量可能就在于，他始终坚信存在另一种工作的组织形式的可能。如果资本主义已促成了生产力的巨大飞跃，那我们为什么还需要这么努力工作？高兹在他的一系列著作中通过对时间政治的批判性讨论来回应这一问题。他希望促成大众对该问题的政治干预，最终使经济服务于人民的实际需求，允许每个人都能花更少的时间苦干，有更多的时间从事自己选择的活动。如果没有这样的干预，高兹认为，我们将面临更为消极的局面。自由时间将依旧是一种稀少的特权资源。即使没有足够的带薪工作可供选择，以工作为中心的社会进步愿景仍继续被广泛推崇。资本主义为了利益继续掠夺环境资源并将经济扩张至生活领域的方方面面，而这被誉为创造就业机会的工具。总之，高兹和其他工作批判者促使我们扪心自问的是：我们希望生活在一个怎样的社会中？

…

在本部分，我简要介绍了一些对工作的批判方法，它们超越了聚焦于工资和工作条件的传统左派关怀，对工作的未来提出质疑。这些质疑工作未来的写作者，连同那些研究工作态度的变化史的写作者，给我们提供了宝贵的机会，让我们与当前以工作为中心的事态保持一定的批判距离。首先，他们提供的是一个挑衅，一个质疑工作是否可以继续作为收入、权利和社会归属感之关键来源的契机。这是一个特别适合在今天、在这个时代、在如今"工人没有工作"这一社会问题持续存在之时提出的问题。国际劳工组织发布的统计数据显示，2014年英国有6.1%的人口处于失业状态，美国的这一比例则为6.2%。然而，英国工会联盟的一项分析认为，该数据仅是国际劳工组织的保守估计。英国工会联盟给出的数据则是，2013年英国约有478万人处于失业状态，几乎是国际劳工组织估计的251万人的两倍。不同来源之间（及每年之间）的数据差异是由衡量失业的方式不同造成的。[6]但是，不管数据惨淡的程度有多么不同，我们都会同意失业对于个人来说，代表的是意义重大、漫长且绝对灾难性的事实。

除此之外，由于劳动力市场无法为求职者提供足够多的体面工作，新的悲剧也由此产生。对工作的高需求使工人愿意屈就，这严重削弱了人们为工资、权益和工作质量等问题挺身而出的意愿和力度。近些年来有工作的穷人[7]和零时工合同[8]的数量迅猛增长。对于那些试图通过教育投资保护自己不受劳动力市场变化趋势影响的人来说，教育证书能确保未来有稳定、高薪而有趣的工作的昔日承诺也正在逐渐失效。菲利普·布朗及其同事的一项大范围分析表明，在高等教育的快速扩张、就业竞争的全球化以及工作的去技能化等因素的综合影响下，大量毕业生落入"机会陷阱"——他们无法在劳动力市场中找到专业对口的工作（Brown et al., 2011）。[9]

即使经济增长能够与就业需求保持同步，人们需要为持续扩张所付出的环境代价将会是什么？近年来，人们越来越意识到无休止的经济增长对于生态的影响。生态学家蒂姆·杰克逊收集了日益增多的科学证据后提出，资本主义社会不可能奢望在不造成恶劣生态后果的情况下维持目前的生产率。杰克逊还指出，专业机构在重要自然资源的枯竭、生物多样性的丧失、土壤污染、森林砍伐以及影响最大的气候变化等生态方面的全面研究，均为其观点提供了证明，即为了提供工作岗位而进行无休止的经济扩张已经是越来越无法接受的策略（Jackson, 2009）。

我们的社会坚定不移地将工作建构为收入、权利和归属感的关键来源，然而我们同样明白，对于绝大多数人而言，工作已经不再具有这样的功能。这场影响深远的危机，将促使我们对工作及其在当代社会中的地位进行慎重的重估。这项高兹称为时间政治的任务，旨在为当今分崩离析的劳动力市场提供切实可行的解决方案。更重要的是，它还邀请我们讨论什么才构成自由的先决条件，并就我们想要生活其中的社会开启对话。就像我们这里介绍的理论家一样，我希望能看到一场围绕工作的意义和未来展开的生机勃勃的进步辩论。我希望我们记住朝九晚五、周一到周五的工作周是一种相对晚近的发明，并探讨其他可能的分配工作的方式。我希望我们思考传统上在工作中寻找的快乐和团结还有别的体验途径。我希望我们能捍卫在工作之外追求多样化和有意义的生活的权利，并去寻找更少与资本主义的逐利游戏合谋的自我实现的方式。这要求我们彻底摒弃用经济增长来衡量国家繁荣的过时思维，接受人类进步和幸福的另一种愿景——它的基础在于健康、自由时间和实现自身潜能的权利等非物质财富。

第二章
工作之痛

> 我们讨厌这里,也瞧不起它所代表的一切,但我们又害怕从这里"解脱"而失去经济来源。到那时我们又得挣扎着找工作,还必须在其他潜在雇主面前展现同样的热情、顺从和活络。早晨到仓库上班时,我常常心情复杂,既为自己还有一份工作而欣慰,又为这个鬼地方昨晚没有被一扫而空而感到失望。
>
> ——艾弗·索思伍德《无法停止的惯性》(2011)

人们在工作中需要付出的精神代价是社会批评家长期分析的主题,这项事业因为来自工人的一手资料而得到丰富。斯特茨·特克尔在1972年出版的《工作》值得再次提及,这本书实打实地装满了对人们日常生活的洞察。我在这里只引用书中的几个例子。菲尔·斯托林斯,一名在福特公司工作的电焊工,这样描述他的日常:

第二章 工作之痛

焊枪有一个方形的手柄,高压按钮在上边,低压按钮在下面。第一步先把金属夹在一起。第二步是熔接……我就站在一个地方,大概两三英尺远,一站就是一整晚。整条生产线停了才能休息。每造一辆车,这种工作我们要做32次,这样就算一趟流程,一小时做完48趟,每天做8小时。32乘48乘8,算出来,这就是我要按按钮的次数。(Terkel, 2004:159)

史蒂夫·杜比是一位钢铁工人,他思考自己作为雇员的地位时说:

你不会被重视的。你就只是一个数字。就像被关在监狱一样,报到的时候就告诉他们你的员工号码,很大一部分人不知道你名字,只知道你的工号。我的号码是44-065。总办公室那边不会知道44-065是谁……只知道他是44-065。(Terkel, 2004:554)

在本书第一章,我提出了一个有挑衅意味的问题:如果我们不再将以工作为中心的社会视作理所当然和不可避免的,而是能就工作的未来开展严肃的探讨,那么结果将会怎么样?在现代社会中,工作是我们取得收入、获得自己的身份、做出社会贡献和融入他人生活模式的主要方式,然而对大部分人来说这一方式已经变得极不可靠。在这一章中,我将着重关注工作本身的体验,继续论证对工作进行彻底重估的理由。尽管工作享有神圣的中心地位,但残酷的现实是,许多人的工作体验与上文中菲尔和史蒂夫所拥有的大致相同:仅仅是一种出于生存必要、劳累且无意义的活动形式。这一点在马克思著名的"异化"概念中已经被认识到。本章结合资本主义社会中的工作体验表明,只要经济理性继续把控着生产的目的和方式,现有的使工作条件更加人性化的尝试就会收效甚微。这也是减少工作、在工作之外建立人的联结以及拓宽工作以外的活动空间的提议,仍然显得如此令人信服的另一原因。

疏离和冷漠

异化的概念通常和马克思联系在一起。马克思的工作批判理论的核心在于将劳动看作"类生活"(Marx, 1959:75)。他认为,人类之所以有别于其他动物,正是因为有能力突破自然的限制,并在有意识地自我表达的过程中重塑世界。人类通过劳动改造自然界,以满足自身的需求和拓宽人类生活的可能性:"人永远在重塑自然,且每一次改变都使他的能力能够得到更多样和更大程度的实现。"(Ollman, 1971:101)

正是基于这种通过劳动自我实现的道德理想,马克思对资本主义体系下的劳动展开了批判。他在《资本论》中写到,通过运用生产能力而自我实现的可能性正在被工业形式的劳动所扼杀,这种形式"将劳动者毁坏为碎片化的人,把他降格为机器的附属品,摧毁他的工作中仅剩的吸引力并把工作变为令人憎恶的苦役"(Marx, 1906: 708)。工作因而不再是一种表达人类塑造周围环境的需求的活动,而是出于谋生的必要性进行的无趣行为,换句话说,它已经成为一种被异化的活动。在《1844年经济学哲学手稿》经常被引用的一段话中,马克思指出,异化劳动的体验具有一种外化和分离的性质:

> [工人]在他的工作中不是肯定自己,而是否定自己,不是感到幸福,而是感到不幸,不是自由地发挥自己的体力和智力,而是使自己的肉体受折磨,精神受摧残。因此,工人只有在劳动之外才感到自在,而在劳动中则感到不自在。(Marx, 1959: 72)

然而,要使用异化一词并不需要完全认可马克思关于人类本性的哲学。只要认识到工作行为本可以让人发挥创造力、与人合作以及体验到扎根在世界中的满足感,但工作的组织形式通常剥夺了这一切就足够了。在马克思之后,异化的概念被灵活地用来描述工人对所做工作的冷漠感,例如,罗伯特·布劳纳(Robert Blauner, 1964)和哈里·布雷弗曼(Harry Braverman, 1974)等作者将异化用于形容工厂日复一日的劳作生活。在这些文本以及马克思自己的批评中,反复提到的是劳动分工造成的异化效应。在资本主义社会中,生产过程中的分工和再分工被推向极致,以至于每个工人都被禁锢在一个狭窄的角色当中,他的责任范围缩小,工作的创造力被耗尽,并丧失了与其产品之间任何有意义的联系。此外,对机械化技术变本加厉的运用也受到批评,因为它让工作变得不需要技能,使工人进一步沦为机器的监管者或者附属物。

正如许多批评家指出的,以上技术在泰勒制——一套由美国工程师弗雷德里克·泰勒在19世纪末发展出来的著名组织管理方法——中获得了最彻底的运用。资本主义对于效率和利润不择手段的追求意味着,任何关于劳动过程中技术或节奏的决定都不会交给工人来裁量。与泰勒制有关的发展在亨利·福特的流水线上达到顶峰,该流水线能够以可控的效率大批量生产一模一样的T型车,但这也让工人付出了严重的精神代价。当劳动过程中那些专属于人类的品质,例如主动性、创造力和合作精神,遭到驱逐,批评家认为,工作宣判了我们不再作为人而存在，而仅仅是非人的、可被替换的劳动力单位。查理·卓别林在1936年的电影《摩登时代》中对这一点进行了精彩的讽刺。在这部影片中，卓别林饰演的流水线工人被他的工作活生生地变成一个疯狂和抽搐的机器人——为了跟上机器的运转速度和机械精度，他自己也被迫成为机器。

卓别林的例子对于工业时代以后的工作转变来说已经过于古老。谈到异化问题时，我们不能不关注西方发生的从工业经济到后工业经济的大规模转型，越来越多的工作岗位要求工人提供服务或运用信息，而不是制造物质产品。如果说马克思主义批评家认为工业工作压抑了工人的能力，那么20世纪下半叶情况无疑发生了变化，许多当时的评论家敲锣打鼓地迎接后工业工作时代的发展。未来学家预言了一个新的"知识经济"的诞生，过去标准化的人力工作，将越来越多地向集中在服务业和计算机行业的智能工种转变（Bell，1973）。如今已经成为一种政治正统的"知识经济"的理念最初在1960年代的经济学家和社会学家当中受到推崇，当时的人们普遍相信，国家未来的繁荣取决于它为新的经济时代培养聪明、知识丰富的工作者的能力。后工业化的就业形式将有助于把"人的因素"重新引入工作，工作将不再仅仅关乎效率和服从命令，而是依赖于更独特的人类品质，如社交能力、认知能力、实践经验或责任意识,这将重新给人们提供确确实实醉心工作的机会(Offe, 1985 : 137-138)。

事后来看,一些评论家对这些向知识经济转型的观点的质疑是恰当的(Thompson et al., 2001)。虽然根据统计,服务业和信息行业的从业者比例确实有所增加,但这是否能被看作一个更为人性化、更高技能水平的工作世界的证据,我们应当有所保留(见Fleming et al., 2004)。职业类别并不能告诉我们特定工作方式的全部体验,统计学数据也无法传达许多现代工作中更为单调和可悲的方面。现今坐在电脑前日复一日地执行同样任务的工作者,与他们的劳动的关系可能和被异化的流水线工人别无二致。应该说,那些为后工业劳动时代的到来唱赞歌的人从根本上低估了数字化时代计算机技术被用来使工作标准化的程度。在许多现代工作场所,计算机技术并非用来增强工作者的能力,而是为工作强度和工作中的控制达到新的极端铺平了道路。当今那些令人不快的工作中,呼叫中心堪称典型,相关研究记录下了许多如今已司空见惯的管理方式:自动拨号器将拨入和拨出的通话直接连接到员工的耳机,在呼叫之间不允许任何休息;监控软件收集每个员工工作效率的数据,并自动上报迟到或表现不佳的信息,以便管理者对其进行指导、处分或羞辱。一项研究将现代的呼叫中心称为"电子全景监狱"(Fernie and

Metcalf, 2000），还有的将其描述为工作人员"头脑中的流水线"，因为他们清楚在完成一项任务后会立刻收到下一份任务（Taylor and Bain, 1999）。2013年，超大型线上购物平台亚马逊因其仓库员工（也被称为"分拣员"）的工作条件引发了公众争议，在这里，掌上电脑的控制使得低薪工人需要在严格的时间限制内搜寻庞大的仓库，扫描并收集订单中的商品。一名卧底记者如是写道："我们是机器，是自动机器人，我们拿着扫描仪并给它插上电源，感觉就像在把它接入自己的身体。"（BBC News, 2013）

理查德·桑内特在他对一家现代烘焙店的案例研究中，也提供了电脑化的影响的生动案例（Sennett, 1998）。在桑内特研究的烘焙店中，面包的制作不需要人们亲自动手搅和揉面，而仅仅通过操纵电脑屏幕上的图标即可完成。工人不需要掌握任何烘焙过程的真正知识，也没有机会实际接触生面团。他写道，对工人来说，工作流程被编成代码写进自动运作的机器，已经变得不透明且"难以阅读"，因此他们也不可能围绕这份工作发展出一种文化或自豪感。工人们"清楚地意识到他们正在执行无需动脑的简单任务，这种任务和他们的知识并不对等"（Sennett, 1998 : 70）。桑内特在对面包师的描述中，拒绝使用传统马克思主义意义上的异化一词，因为这一术语代表了能点燃工人斗争的火花，而面包店的工作者只是对他们的工作漠不关心。这里重要的是，即使是在现代社会最令人垂涎的工种中，也能观察到桑内特所描述的电脑化和去技能化的过程。即便在高等级的工作中，知识可能被压缩在电子操作手册中，后者将工作程序绘制到最小的细节，或者由半自动的计算机程序来完成工作任务，以实现最少的人工干预（Brown et al., 2011）。如果劳动过程的电脑化使得许多工作不再依赖工作者的技能和主动性，这会对职场文化产生毁灭性的影响——人们将对他们所从事的工作毫无兴趣并感到疏离。因此，和工业劳动相比，现代形式的工作也许具备更加干净和安静的环境，但显然许多传统的不满来源仍然存在。

工作中的新型亲密

异化一词通常用于形容工人们对工作的疏离感和漠不关心，这在福特流水线的全盛时期和当今的电脑化劳动时代都普遍存在。然而在21世纪，我们还能看到一种更新的异化形式正在常态化。这种异化形式并不以劳动过程对人性特质的排斥为特征，恰恰相反，它对人性特质进行征用和剥削。这里的问题不再是人们在劳动过程中缺乏自我表达和获得身份认同的机会，而是雇主希望工作者全身心地投入工作。围绕这种新异化形式的见解主要得益于C.赖特·米尔斯的经典研究《白领》（Mills, 1956），其后，阿莉·霍克希尔德和她的"情绪劳动"理论（Hochschild, 1983）使该领域成为研究热点。两位作者提出的问题本质上是相同的：当工作者不再被要求早上出门上班时把他们的人性特质留在家中，而是被明确要求把他们的情感、人格和个性投入工作，会发生什么？

在《心灵的整饰》（1983）一书中，霍克希尔德指出，为了很好地融入社会，人们需要时刻管理自己的情绪。比如，我们可能被要求在收到一份不合心意的礼物时变魔术般表现出感激之情，或者在朋友遭遇麻烦时努力抑制住自己发笑的欲望。在社交世界中，我们不断被要求处理自身的感受，以便表现出适宜得当的情绪，或者依照霍克希尔德所说的，去遵守由文化决定的在特定情境中的"情感规则"。霍克希尔德的理论与现代工作体验十分相关，因为情绪劳动的能力已经逐渐成为商业价值的来源。情绪劳动最明显的例子体现在服务业——情绪管理在这里作为工作的核心要素而存在。服务业从业者持续被要求"调动或抑制自身的情感，以维持能给他人留下良好心情的外在表情"（Hochschild, 1983：7）。

霍克希尔德的看法来自1980年代初对空乘人员的研究，她发现，乘务员接受高强度的训练以表现出与优质服务最匹配的情绪举止，这包括展现出温暖、热情和"高尚的道德品质"（Hochschild, 1983：97）。航空公司的广告向乘客承诺一次"友好"的飞行，空姐也被教导要运用精准的愤怒管理技巧，从而能对麻烦的乘客也保持礼貌。霍克希尔德认为，管理者对员工情感性行为的支配构成了一种情绪标准化或泰勒主义："社会交换被迫进入狭窄的通道当中；沿岸或许还有藏身之所，但对于个人而言，情感水域中的可支配空间要小得多。"（Hochschild，1983：119）工作者掌握自己的情感和互动行为的权利被放弃，私人的情感系统就此接受商业逻辑的统治。商业街零售人员的处境为我们提供了一个类似的写照，他们中的许多人会接受友好态度的模拟训练，或按照工作手册的分步脚本和屏幕上的提示来与顾客互动。[1]对情感规则的服从还经常通过复杂的约束机制被加强，例如监控摄像、"神秘顾客"、客户投诉和员工评价等，以确保员工的行为可预测。

霍克希尔德主要关注的是情绪劳动带来的潜在压力或心理麻木效应。她认为，将外在的社会表现和内在感受分离的日常要求成为精神压力的来源。企图对员工的互动行为进行微观管理的做法也可以视为一种对个体的侵犯，因为情绪劳动"利用了我们深刻珍视的、构成自身个性的一种源泉"（Hochschild，1983：7）。对棘手的顾客强颜欢笑、面对老板的刁难压抑自己的愤怒、为了晋升而表现出对工作热情——这些微小的个人牺牲最终会积少成多，导致精神上的疲惫，甚至可能危及工作者的自我意识。服务工作的兴起看似标志着人类能力重新被纳入劳动过程中,但弗朗哥·贝拉迪认为,情绪劳动(或者他在这里所说的"认知"劳动)更像是一出耗时费力的戏剧:

> 认知劳动本质上是一种沟通的劳动,也就是将沟通变成工作。从某种角度看,它可以视作对经验的丰富,但它也是一种减损(通常来说这是规律),因为这样的交流丧失了非功利性的、愉悦的、爱欲的特性,成为经济上的必需品,一种无趣的虚构之物。(Berardi, 2009: 87)

据我所知,关于贝拉迪所说的无趣的虚构之物,有一个最具挑衅意味的例子,来自塞德斯特伦和弗莱明《工作的死人》(Cederström and Fleming, 2012)一书。两位作者讨论了路易斯·泰鲁拍摄的一部BBC纪录片,这部片子讲述了美国内华达州一家合法妓院里的一群年轻女性的工作和生活。在纪录片中,这些女性看起来最害怕的客户是汉克,一个外表温柔可亲的男人,他最引人注意的特征是,他从来不是真正想和她们发生性关系。塞德斯特伦和弗莱明认为,女人们对汉克的抵触,是因为他花钱想要得到的不仅仅是外在表现,而是霍克希尔德会称为"深层扮演"的行为:他对肉体和美丽皮囊不算感兴趣；他想要的是和一个真正的女友度过漫漫长夜，一起亲吻、拥抱、畅谈未来——这正是最高强度的情绪劳动。

情感卖淫无疑是一个极端案例，但工作者的许多负面经历，都能让人不太费劲地就联想到汉克的"女友们"的疲惫经历：二者均需为他人营造一种理想的情绪氛围。毕竟，抵制工作的词汇就常常与卖淫的概念联系在一起：比如"出卖自己"、"出卖灵魂"、向"那个男人"投降，等等。当被迫接受公司或顾客的价值观时，一种不真实感或被侮辱的感觉经常不知不觉相伴而来，这让许多工作者感到恐惧。在我们理解到今天不仅仅是服务业从业者在经受高情感要求工作的风险后，这种最新的异化形式的波及范围也变得显而易见。工业时代的工人虽然身体上受到纪律约束，但只要他们的思想和情感不影响工作表现，雇主就不会干涉。然而，在当下非物质形式的工作中，量化工作者的产出并不总是那么容易，管理者评估每个工作者的生产力变得越来越困难。结果，工作者越来越多地通过他们的"性格"来被衡量（Gorz, 1999：39-44；Weeks, 2011：69-75）。优秀的员工应该掌握职业精神的社会规范，表现出全情投入、充满干劲，并和组织的目标保持一致。在这种非量化评价方法下，那些有抱负、和蔼可亲、活力充沛、有团队精神的人便是最好的员工。

凯瑟琳·凯西在她对《财富》世界五百强公司赫菲斯托斯（化名）的案例研究（Casey，1995）中探讨了以高度投入为特征的资本主义组织文化。赫菲斯托斯的管理者们努力将工作场所培育成一个具备工业文化的团结和凝聚力的地方，但和所有现代公司一样，他们也希望能平顺而不引人注意地维持纪律，以减少冲突的可能性。凯西认为，公司通常会为实现这一理想的管理状态而投入大量资金，鼓励员工的价值观和身份认同与公司保持一致，换句话说，就是将员工转变为"公司人"。赫菲斯托斯通过"团队""大家庭"之类的组织话术提高员工对工作的认同感，从而促使员工产生奉献感和个人义务感。"团队""大家庭"这类观念把工作场所重新定义为道德义务而非经济义务的领地，把员工和组织的目标更紧密地联系在一起。凯西写道，标准的赫菲斯托斯员工"一定要是勤奋的，对公司及其产品专注、忠诚和坚定，并愿意为公司和团队付出额外的努力"（Casey，1995：127）。工作者需要通过情绪劳动履行这些道德义务，总是谨慎而毫不松懈地管理自身的言行举止。员工杰瑞出色地捕捉到了这份工作有很强的表演要求，于是他总是随身携带一个空公文包，只为看起来职业。赫菲斯托斯的员工还通过昭告天下的加班来表现他们的忠诚。周末来上班的员工会希望其他人在停车场看到他们的车，而那些因家庭原因不能早到晚退的员工，则不得不在走廊上戏剧性地表演遗憾并不断道歉。一旦这些全身心投入工作的行为在职场文化中扎根，员工们就很难再拒绝。凯西注意到，职场中的这个"大家庭"或"团队"会很快地将矛头指向那些未能做到这些的人。

当然，员工对高度投入的组织文化的反应各不相同。在赫菲斯托斯的案例中，一些人成为职场文化的同谋者，另一些为保护自身而做出抵抗，还有一部分人知情但屈服于它，因为他们明白这可以让他们过得更轻松。然而，不管员工的态度如何，凯西最终认为，赫菲斯托斯是一家充斥着精神焦虑、强迫症和自我训诫的公司。这本身不足为奇，它只是为普遍存在的文化恐惧——工作将把我们掏空——提供了事实依据。然而尤其令人担忧的是，凯西等人所描述的高度投入文化看样子不再局限于就业市场的上层工作。在不太有前途和薪水较低的岗位上，雇主也期望员工令人信服地展示出专业精神。我自己的研究中有一位受访人（即马修，我们在后续章节还会看到他），他让我注意到大型折扣零售商B&M货架上的一则招聘广告。广告上写道："如果你雄心勃勃，有出色的个人技能和对成功的热情（就像我们一样），你一定会喜欢在B&M工作！"像雄心和热情这样的专业素质似乎不太可能在堆放货架的工作中得到充分发挥，但雇主还是要求员工具备这些素质。科林·克雷明的研究表明这是一种普遍

第二章 工作之痛

趋势。他分析了1870年至2001年间《约克郡邮报》上的招聘广告,发现这种"论及个性的语言"已变得越来越普遍,"几乎每个工作都需要'沟通技巧',并且在'团队'中进行"(Cremin, 2003)。

如果说早期工作的标准化和劳作过程中的监视会使工人感到疏离和漠不关心,那么近来鼓励对工作投注情感的做法则包含一系列特有的风险。高强度工作的个体代价已广为人知——压力、过劳、在工作外的时间也无法放松,那么员工能够被驱动去追求陌生目标的程度也是有限的。然而,今天的许多管理者对此表现出非凡的应变能力,他们采取另一种策略以事先打消这种不情愿。为了追求生产率和利润,这一最新的策略承诺让人们在工作中更好地展现个性和享有自由。正如一本颇受欢迎的管理指南所写:"当人们快乐和自由地做自己时,他们的工作效率会更高,并将为工作付出更多心血。"(Bains, 2007)这种新的管理意识看到了以往雇主所忽视或禁止的员工个性,并努力将其植入职场。早先那类打造整齐划一的公司文化和对公司价值观的高度认同的尝试,在今天已经被认为是粗暴且徒劳的。现在更强调的是"做你自己"和"干得开心"。这种新的风气流行于美国硅谷,所以有时也被称为"加州意识形态"。而在英国,也许人人向往的谷歌伦敦办公室就是这种意识形态的一个缩影(尽管有些极端）：它有个游乐场一样的地方，配备懒人沙发、小块菜地、不同的休闲区和一个老式客厅，旨在让员工感觉在公司就像"在家工作"。

彼得·弗莱明和安德鲁·斯特迪在他们对Sunray（化名）呼叫中心的研究中探讨了这种"在工作中玩"的精神（Fleming and Sturdy, 2011）。Sunray的工作文化是由尴尬的3F原则主导的："专注、乐趣、成就感"（Focus, Fun, Fulfilment）——这个口号在团队会议、招聘文案和员工评价会议上反复出现。为了给办公室注入乐趣，一系列的活动应运而生，内容从知识竞赛、主题化装活动和团建日，到周五下午的喝酒游戏，以及把办公室装饰得像一片丛林。Sunray的招聘广告标题就是"你知道如何参加派对吗？"经理们鼓励员工"做自己"，表达自己的个性。但可以肯定的是，这种"做自己"并不包括选择消沉或不快乐；正确的态度应该是表现出"积极的个性、孩子气的快活、充满活力的心态和外向、无拘无束的性情"（Fleming and Spicer, 2004：82）。这种"做自己"并不适合内向者、思考者以及对乐趣有着更任性或叛逆的定义的人。弗莱明和斯特迪还发现，呼叫中心的电子全景监狱及更为传统的控制方式（如自动呼叫分配、监控工作表现和分层管理结构）很大程度上仍在运行。在接受采访时，虽然一部分员工表示他们喜欢3F精神，但另一部分则感觉他们在被洗脑。

弗莱明和斯特迪对他们在Sunray呼叫中心观察到的情况提出了深刻的批判，他们认为，在工作中，关于乐趣和个性的话术最终有两个主要目的。第一个目的是"捕捉员工的社会性"，通过鼓励员工将自己的个性带到工作中，经理们希望他们能为顾客提供更个性化的服务。第二个也是更突出的功能是，让员工的注意力从原本异化的工作过程上转移："3F的管理原理在于，对那些必须通过技术、科层制和文化控制手段来确保有人执行的艰苦而枯燥的工作，进行补偿。"（Fleming and Sturdy, 2011：192）能说明问题的是，员工在多大程度上是被允许做自己，而不是被要求做自己。"做你自己……否则……"，这种自相矛盾的命令甚至使管理者也感到困惑。一位人力资源经理颇为狼狈和尴尬地说道：

> 我们的每一个3F活动都是以受到控制的方式实施的，参与是强制性的——尽管我们也鼓励个人主义和创造力……我们有一种属于Sunray的态度……呃……但人们仍然可以做自己。（Fleming and Sturdy, 2011：191）

最终可以说，加州意识形态大肆吹捧的自由只是一种表面的、小心管控的自由，只能发生在严格的界限之内。借用弗莱明和斯特迪提到的一些例子：拥有独特的发色、穿短裙或在工位上摆放冲浪板是一种自由，但它不能对你的劳动过程产生影响。这种为工作环境注入乐趣和自由元素的管理措施，除了代表一种肤浅的自由形式以外，还可能产生有害的影响，即让道德上可疑的工作变得愉快。正如高兹所说，不管生产的是什么，无论是"化学武器还是药品，机动人偶还是教育游戏，色情产品还是艺术书籍"，都可以拥有一个正当和愉快的工作环境（Gorz, 1985：52）。即使所在公司以剥削血汗工厂的工人，或让孩子们沉迷含糖麦片，或开辟新的药品市场闻名，但在"人性化"的办公环境之下——能够穿舒适的T恤上班，随意装饰自己的办公室，并拥有享受公司提供的午餐约会的特权——中层管理者们便有可能忘记所有的道德困扰。工作日的人性化可能给个人带来表面的快乐，但可以肯定的是，这不能保证这份工作能服务于人道的、有社会价值的目的。

工作中自主权的限度

如前所述，虽然追随马克思的作者们讨论了工业劳动的异化属性，但另一部分人则预测了新的知识经济的转型，相信会有一个更为光明的未来。他们认为新兴的就业形式代表着工作可能变得更加人性化的机会。然而显而易见的是，就

第二章　工作之痛

劳动过程本身的组织方式和体验感而言，机械劳动中的异化形式仍然持续存在。泰勒制在计算机时代继续存在，工作者仍然在一个利润驱动的生产系统中被计时、被微观管理以及被迫完成重复性的小任务。除此之外我们还看到一种新的异化形式的出现，如公司试图征用和剥削工人的自我。服务性工作的兴起也使得管理者对员工情绪行为进行微观管理的努力变得更加普遍。职场文化的管理策略试图引发员工对其工作角色的认同。当这些举措被证明效用有限时，一种"在工作中玩"的新风气被发明出来，试图以有趣和自由的口号掩盖劳动的异化本质。在每种情况下，工作似乎都承诺变得更自由和人性化——人们可以发挥沟通能力，在团队中体验到归属感，做自己并在工作中感受乐趣——但这些也似乎使得工作更具侵略性，它更多地对我们的自我提出要求，其控制术在心理层面变得越来越复杂而无所不包。

应当要做一点限定性的说明，即我在这里指出的趋势只是一般趋势，并不能代表每个人的工作经历。在1960年代时，罗伯特·布劳纳就提出，对于工作是否使人异化这一问题，以往的研究结论通常太笼统。他通过对工业工作场所的比较研究，表明工人的体验事实上在行业内部和行业之间都有很大的差异，并由此提出，讨论工作中的"异化趋势"比声称所有工作都使人异化更恰当（Blauner, 1964）。即使是更激进的工作批评家也不认为现代雇佣形式排除了所有表达、自主和合作的可能性。高兹提出,即使工人不能控制生产的目标和方法,工作仍然可以是和谐和愉快的:"他律并不意味着工作场所必然是地狱或炼狱。"(Gorz, 1985 : 51)

我们当然可以承认工作可能是愉快和有趣的,但我仍要指出,异化依然是现代苦难的主要来源,是一个社会问题,要求我们重新审视以工作为中心的社会。如果工作常常是令人满足的,那么要获得这样一份有回报和有意义的工作的机会显然是严重不平等的。并且,工作据称的道德神圣性和大部分人的实际工作体验之间有着令人痛苦的差距。这里的问题在于,资本主义企业所供应的雇佣工作并非由人类对从事有趣工作的需求而决定,而只是单纯的出于这些工作是否能为企业带来收益。除了让工作变得可以忍受以便持续有人来工作之外,资本主义逻辑中不存在任何动机去为人们提供有意义、有成就感的工作(Wright, 2010 : 48)。为了证明这一点,我们只需看看一旦公司不得不削减成本和解雇员工,员工和老板之间所有平等和合作的表象会以多快的速度瓦解。这类事件粗暴地提醒我们,归根结底,员工并不是公司大家庭的一部分,而是用后即弃的创造私人利润的工具(Gorz, 1989 : 64)。

我们可以将真正的有意义的工作定义为允许人们按照自

第二章　工作之痛

己的技术标准、审美标准和社会福利标准来完成的工作,也就是说,按照自己对效率、美感和实用性的想法来工作。在资本主义经济提供的工作岗位中,体验到这种真正的、有意义的工作的程度显然是有限的。虽然今天的许多雇主确实号召员工协商和思考、进行计划和讨论,并"表达他们真正的自我",但所允许的自主性总是受限于这项事业的更大目标,后者往往由公司以及使公司运转的经济力量所决定。弗莱明和斯特迪认为,将人的要素重新注入工作的尝试,最终意味着"围绕控制的自由"(Fleming and Sturdy, 2011)——这也许是对高兹更早提到的"他律中的自治"的有意回应(Gorz, 1999)。在现代工作形式中,我们只是在公司为我们设定的目标范围内被鼓励拥有积极性、表现力和协作精神。

> 资本主义号召[工人]对他们所做的事进行协商和思考、计划和讨论,成为生产的自主主体,但它也要求他们将自主性限制在预定范围内,并且是为预设好的目标发挥自主性。(Gorz, 1999: 39)

批判性社会理论和削减工作主张的关键前提之一,是这样的信念:如果某些更广泛的自由问题没有得到解决,工作就将永远在某种程度上是使人异化的。高兹指出,即使工人被允许在一定程度上掌控劳动过程,但也通常没有渠道去质疑产品或所提供服务的使用价值,或者说参与关于这些产品和服务对整体社会影响的辩论(Gorz,1985:51)。在我们的生产活动中,真正的自主——高兹所主张的那种严格意义上的自主——有赖于确立参与宏大问题的自由。真正的自主在于对生产什么、为谁的利益而生产等问题有发言权。包括质疑工作旨在满足的需求的真实性和重要性的自由(Gorz,1999:41)。

最后,我们可以注意到,即使是人们在工作角色中有更高自主性的情况下,一份全职工作也仍然意味着,我们的技能和能力将局限于一项活动,而排除了其他活动。即使工作是愉快的,它也通常将我们禁锢在经济体系中一个预设好的有限角色中,并压制我们内心那些不适合这一角色的部分。角色一词"借自戏剧领域,用于表明社会强加于人的某种存在,它既不等同于人的本来面目,也不能代表人的一切可能"(Adorno,2001:187)。一个人称自己为老师、酒吧经理或警察可能会感到暂时性的欣慰,但这些身份都不能说明完整的他实际上是谁。无论一个人多么努力地通过扮演工作角色来实现自我,他总是会失败,因为——用蕾娜塔·莎莉塞的话来说——"他内心总有一些东西不能被外部身份定义"(Salecl,2011:49)。我们的文化现在或多或少接受了这样一种观点，即许多人的工作生活往往与他们个人生活中的价值观和行为举止毫无关系，也就是说，每个人都有一个"工作的我"和一个"在家的我"。在这种情况下，有偿工作的内容本身很少被认为是有意义的，而只有在和收入、安全保障和声望等外在因素挂钩时，人们才会承认工作与自己的主观相关性——而所有这些外在因素，最终也只是对工作日不可避免的个人牺牲的补偿（Gorz, 1989：35-36）。

总而言之，对工作保持批判态度的另一个原因，是因为在资本主义工作中，自主性受到严格的限制。显而易见的是，工作的中心性和神圣性——它作为身份、地位和社会贡献的来源确认人的价值——仍然可悲地与大部分人在日常工作中的实际体验不一致。对许多人来说，有偿工作与其说能够发挥他们能力和创造力，不如说阻碍了这些能力的提升。从人本主义或解放的出发点来看，如果创造性的、有意义的工作不再和有偿工作画上等号，那么开始探索减少工作和扩大闲暇的可能性就是合理的。减少工作将会让人们的才智和能力，在资本主义经济提供的狭隘工作角色之外的非正式生产领域中，有更多蓬勃发展的空间。

第三章

工作的殖民力量

> 经济理性容不下那些不生产也不消费商业财富的真正自由时间。
>
> ——安德烈·高兹《经济理性批判》(1989：115)

阿莉·霍克希尔德在她的著作《外包时代》(Hochschild, 2012)中，采访了一系列总是通过购买商业服务来满足自身需求的人。这些研究对象有钱但没时间，他们往往依靠约会服务、婚礼策划人、老年护理管理者和生日派对组织者来满足个人的和家庭的需求，而不是选择花时间与朋友和家人合作。凭借她标志性的同理心和对细节的关注，霍克希尔德从服务使用者的角度探讨了这些外包服务的吸引力，同时也涉及了随着生活变得越来越缺乏人情味和商业化，外包服务潜在的种种缺陷。在一次演讲中，霍克希尔德回顾她的研究并分享了一个令她诧异的事实：她采访的人中有许多都斥资购买了崭新的厨房设备或全新的高科技烤箱，但其中的讽刺

第三章 工作的殖民力量

之处在于,这些人普遍生活忙碌,显然没有时间使用这些设备。如果没有时间做饭,为什么还要升级烤箱呢?霍克希尔德推测,这些崭新的厨房电器对购买它们的人来说就像图腾:从未使用过的、闪闪发光的全新烤箱,代表着人们希望拥有的悠闲的生活方式。我们也可以用同样的方式来解读年轻职业人士公寓里的杂乱状况。书架上摆满了读了一半的小说,架子上到处是落满灰尘的光碟,橱柜里则是快散架的露营装备,这些都成为人们在工作占上风之前、希望拥有的闲暇生活的象征。

这一章的主题是闲暇,或者更准确地说,为什么我们所拥有的闲暇如此之少,并且为数不多的闲暇时间还经常充满了责任感和焦虑感。当下指导读者放慢脚步享受生活的自助类书籍的流行(例如Honoré,2004;Hodgkinson,2004),以及每周报纸上大版面出现的关于"工作生活平衡"的讨论,都证明人们在现有的空闲时间中是如何匆忙和感到被挤压。根据国际劳工组织的数据,2013年英国的劳动者(包括兼职和全职工作者)平均每周工作35.8小时,而美国的平均工作时间为38.6小时。这与凯恩斯的每周工作时间会大幅缩短的预测相去甚远。英国工会联盟2014年公布的数据显示,大约20%的英国劳动者经常无偿加班。在这20%中,平均每周无薪工作时间为7.7小时(相当于320亿英镑的未付工资),

其中数十万工作者（特别是教育、酒店和采矿行业的工人）每周无薪工作时间高达9到10小时（Trade Union Congress, 2015）。关于工作时间的统计数据对工作的定量影响给出了公正的评估，但我在本章中想表达的观点是，闲暇时间的短缺和对闲暇的焦虑是一种普遍的文化现象（不是工作时间最长的人才有的），其具有重要的质性维度。闲暇的退化，需要被理解为经济需求殖民了日常生活的普遍趋势的症状之一。当教育有可能成为一种无趣的活动，只为追求工作所需的证书时，当我们与他人的交往如此经常地为职业发展的需要所左右时，当待业已经变成"求职"时——后者本身就是一种形式的工作——还有多少时间我们能够确信是属于自己的呢？确切地说，我们什么时候才能真正地从生产或消费经济财富的要求下解脱出来，自由地体验世界及其文化？

"自由时间"

我从一个听起来很简单的问题开始：一天的工作究竟在什么时候真正结束？虽然我们所在的岗位可能会根据合同要求我们每天工作一定的时长，但很显然，我们并不是简单地在下班时间走出工作场所，就能进入一个自由世界。特奥多尔·阿多诺早在1970年代发表的一篇短小而尖锐的文章《自由时间》（Adorno, 2001）中就揭示了这一点。阿多诺质疑

第三章　工作的殖民力量

人们在工作之外的时间里究竟多大程度上是真正自主的。他认为，非工作时间的潜在目的只是为了让人们为重新开始工作做好准备：自由时间根本不是自由的，而仅仅是"以利润为导向的社会生活形式的延续"（Adorno, 2001：189）。这是因为它所涉及的活动往往与工作具有相似的性质（例如看屏幕、做家务），但也是因为种种异化人类或是令人筋疲力尽的工作会导致下班后对休息恢复的强烈需求。通过消耗人们的体力和精神，异化的工作形式确保了工作者的大部分非工作时间都会用于放松、退到逃避现实的娱乐形式中或者通过消费来补偿一天的劳累。

如果说我们在自由时间进行的这些恢复或补偿性的活动总归是令人愉快的，那阿多诺会说，这些愉快只是一种肤浅自由的表现。他认为，只要自由时间仍然被人们试图逃脱的力量所决定，那它就不是真正的自由。他坚持认为，有必要将自由时间与更为美好的真正闲暇进一步区分开来。如果自由时间仅仅代表工作的继续，那么真正的闲暇就代表了一片甜蜜的"未经中介的生活的绿洲"：人们在其中脱离了经济需求、真正自由地感受世界及其文化。阿多诺认为，在富裕社会中盛行的是一种堕落的自由时间的形式，而不是真正的闲暇。[1]在这种堕落的自由时间里，大家所进行的具有自我定义的意义的活动，往往局限于"爱好"：一些为了打发属于我们自己的少得可怜的时间而进行的琐碎活动。阿多诺强烈地反对爱好一词,认为它贬低了无偿活动的价值。在一段令人难忘的文字中,他自豪地说道:

> 我没有爱好。并不是说我是那种除了勤奋地完成规定的任务之外,不能利用自己的时间做任何事情的工作狂。而是,就我职业范围之外的活动而言,我也无一例外地非常认真地对待它们……创作音乐、听音乐、全神贯注地阅读,这些活动是我生活中不可缺少的一部分;称它们为爱好,是对它们的嘲弄。(Adorno, 2001: 188-189)

阿多诺经常被人指责精英主义,因为他采取了"高级"文化和"低级"文化这种相当激进的区分。在上面的引文中,他对阅读、创作音乐和听音乐(放心,一定是古典音乐)的严肃旨趣隐隐地与"更低级"、更逃避现实的文化形式形成对比。我不会在此为这种区分辩护,但我还是希望指出,阿多诺关于人们的时间受到围攻的普遍论断,具有很大的当代意义。我们可以想想,标准的八小时工作日在多大程度上将自由时间分割成碎片。全职工作者的时间体验是一系列快速离散的时间碎片:工作时间和自由时间不断交替,而

第三章 工作的殖民力量

自由时间仅限于晚上、周末和节假日。当自由时间以这种方式被分割时，阿多诺谴责的那些草率的爱好，就可能成了我们在有限的时间里唯一能做的事情。少量的自由时间为我们参与更实质性的自我定义的活动提供的空间极为有限——而这些活动往往需要稳定的时间和精力的投入，无论是专注、奉献、建立社群或者学习新技能（Lodziak，2002：100）。这种情况的最大受害者是当今典型的忙碌工作者：他们天黑时才乘坐交通工具回家，仍然有电子邮件要回复，经常感觉到筋疲力尽以至于无法与家人进行情感交流，除了睡前喝酒和看电视外，他们不愿意做其他事情。这里的重点并不是说喝酒或看电视是"低级"活动，而是工作者已经被剥夺了选择其他活动的时间和精力。

我们可以在2014年上映的《乐高大电影》中看到阿多诺所说的闲暇时间的堕落的现代表现。这部电影的主角——一个名叫埃米特的普通人——不工作的大部分时间都坐在沙发上，听着无脑流行歌曲《一切都很棒》（相当于乐高世界里的法瑞尔·威廉姆斯的《快乐》），看电视广告，还会认真地调台看一部名为《我的裤子在哪里？》的喜剧片。埃米特每天在同一时间洗澡、刷牙和锻炼，通勤路上遇到同样的堵车，和同事进行同样的空洞对话，然后回到家里，去找他最好也是唯一的朋友——一盆盆栽。如果我们愿意忽略这个批判正是资本主义自身文化产业的产物的讽刺事实（因为本质上这是一个价值数百万美元的乐高广告），我们会在《乐高大电影》中洞察出现代生活被管理的本质。

阿多诺的自由时间是工作的延续的论点，在21世纪也发生了字面意义上的转变：随着笔记本电脑和智能手机等网络技术的兴起，工作渗入了生活当中从前不存在和不受欢迎的地带。梅丽莎·格雷格探讨了对当今的许多雇员来说，工作是如何挣脱工作日的时间和空间限制，以一种令人不得安宁、永远存在的"待办事项"列表的形式出现。通过对办公室工作人员的采访，格雷格揭示了以非共时通讯为最佳设计特征的电子邮件或即时通信等技术，最终对人们产生了全然相反的影响——他们因为无论是否在办公室都要时刻保持在线、积极响应和能被找到而倍感压力（Gregg，2011）。职业咨询网站"磨刀石"（The Grindstone）上的一篇文章表明，许多专业人士现在已经习惯了随时待命的想法。一位读者写道：

> 通过手机或Skype与处于困境或怀有疑问的客户保持联系，能将潜在的危机化解为一次路上的轻微颠簸。客户不会容忍"我在度假"这样的借口。如果我们不能胜任，我的下一个假期将是在家里和我的橡皮鸭洗热水澡。（Lepore，2012）

就跟他们的笔记本电脑一样，如今那些要求高度投入的组织里的雇员们似乎也必须时刻保持"接入电源"的状态。

就业力的压力

阿多诺关于工作对我们日常生活的殖民趋势的更普遍的担忧，从未像今天这样切中肯綮和普遍适用。这不仅是因为自由时间的碎片化和工作日的日益溢出，还因为现在处于空窗期的人们也面临自由时间消失的危险，甚至对还未踏入雇佣劳动世界的年轻人来说也是如此。这在很大程度上归因于新出现的就业力方面的压力：每个人都有责任提升自己的职业前景，通过培训、获得教育证书、搭建人际网络、学习如何展示正确的个性，乃至积累与雇主价值观相匹配的人生经历。在21世纪早期，就业能力的观念已经上升到引人注目的地位，它成了新自由主义政治哲学的关键，在这种哲学中，国家和雇主不再致力于或被认为有责任为公民提供持久和有保障的工作。那些支持新自由主义政策的政治家，一方面美化有偿工作，另一方面却在摧毁传统上为公民提供的社会保障措施，使人们不再能够有效地抵御劳动市场的不确定性。[2] 在这种背景下，个人坚持不懈地提高自身就业力，逐渐被视作国家繁荣和个人幸福的关键（Chertovskaya et al., 2013）。

当人们感到自己的未来缺乏保障时，保持就业力的压力就会变得更加显著。从1990年代开始，理查德·桑内特（1998）、乌尔里希·贝克（2000）和齐格蒙特·鲍曼（2000）等有影响力的社会学家就普及了资本主义社会已经进入一个没有安全感的时代的观点。最缺乏安全感的是那些不受工会保护的人，收入低至难以负担生活必需品的人，陷入债务陷阱的人，或是不能享受医疗保健、产假和体面的失业救济金等社会保障的人。这种不安全感可以降临到每个人身上，从非法受雇、工资微薄的无证移民工人，到担心失去福利待遇的单亲父母，还包括那些未来可能不断地签订短期合同、搬迁和求职的创意或学术工作者。事实上我们可以说，不稳定性是每个依赖工资生存的人的基本状况。恩格斯在1840年代对曼彻斯特工人阶级的研究中提醒我们，工人长期以来一直生活在不被经济生活所需要的恐惧之中："[英国无产者]没有获得过丝毫保证，他所拥有的技能在将来能让他赚到购买生活必需品所需要的工资。每一次商业危机，每一个雇主的一时兴起，都有可能让他失业。"（Engles, 1987）在当今社会，越来越多的人生活在高兹所说的"普遍的无保障"状态下，他们总是在某种程度上意识到自己可能会失业或半失业，可能成为无保障或临时的工作者（Gorz, 1999：52）。

在这种社会和政治气候下，保护自己免于失业和低质量、低薪工作的压力越来越多地落在个人身上。对许多人来说，培养就业力这件事本身就像是一项终身职业：大多数人都明白，"出卖劳动力的可能性取决于他们为了再生产自身的劳动力而不断投入的无偿、自愿、看不见的工作"（Gorz, 2010：20-21）。就业力甚至占据了孩子们的思想。我记得一个十二岁的少年曾经对我说过一些话，当时我在他的学校协助进行一项反吸烟计划的研究。我问他为什么喜欢这个项目，他回答说："这会让我的简历好看。"这将我们带回到阿多诺的论断，也就是通常认为属于"非工作"的生活领域，也可以被视为有偿工作需求的延伸。这里令人担忧的是，对生活的享受越发服从于为了满足劳动力市场的个人素质培养。当就业力的发展成为实际的必需品并且占据人的大部分心思时，我们就会越来越投入时间去做需要做的事情，而不是进行那些本身就具备价值的活动，也就是能发展我们的个人能力，充实我们的友谊关系，或者仅仅是我们喜欢做的事情。仅仅用于满足每个人所定义的真、善、美的标准的自主活动的时间越来越少。

伯特兰·罗素在1930年代写了一系列文章，哀叹日益匆忙和工具化的现代生活的本质，并以他优美的文笔回顾了休息、游戏、沉思和学习的内在价值。[3]他的主要关注点在于，如果失去了足够多的闲暇时间，人类就会失去幻想的能力，并与生活中的许多乐趣隔绝：

> 以前人们有一种轻松愉快和游戏的能力，但这种能力在某种程度上受到了效率崇拜的约束。现代人认为每件事都应该是为了别的目的而做，绝不是为了它本身的目的。（Russell，2004c：11）

罗素认为，现代社会的人们总是为了另一件事而做一件事，这几乎也可以成为当今就业力话语的影射，后者要求我们少关注体验和享受当下，而更多地思考如何调动当下以实现未来的目标。有抱负的个人需要学习养成就业力的脚本，并且留心拿着同一套剧本的竞争者们。最成功的玩家懂得如何就他们过去的经历构建自信和连贯的叙事，并展示这些故事与就业世界的相关性（Brown and Hesketh，2004）。在求职申请表上，本就具备内在价值的活动，用就业力的语言换了一种表达：为无家可归者做的慈善工作必须被提及，因为这使我具备了志愿服务的经验；在欧洲搭车旅行的经历也必须大说特说，因为这培养了我发挥主动性和解决问题的能力。

一个想象出来的未来雇主的形象，部分确保了人们更加遵从就业力的话语，他总是在隐喻意义上留意你的一举一动。科林·克雷明将这个心理幻象称为"一切的老板"：这种对未来雇主及其期待的普遍化投射，调节着一个人在当下的行动和选择（Cremin，2011：43）。这个想象中的雇主是一个严苛的、不容易打动的纪律主义者,他要求人持续地承担责任、进行理性决策和自我管理。如果一个工作者在不同的领域做了太多的工作,老板可能会认为他不可靠、优柔寡断、不专业。但如果同一个人在同一份工作上苦干了太多年,老板可能会认为他满足于现状、没有抱负或视野太狭隘。任何阅读这段文字的年轻学术界人士将会被灌输这一信息,在学术界,"一切的老板"的黄金法则是受雇者必须始终保持"研究活跃度"。正如我的一个老同事近乎变态地乐于挂在嘴边的话:"一旦你退出游戏,你就彻底出局了。"阿多诺在1950年代也提到过类似的那个想象中的无所不知的老板,当时他评论了那些有追求的工作者紧张的顺从态度:

> 所有这些神经紧张的人,从失业者到随时可能触怒他所代表的投资者的公众人物,都认为只有通过同理心、勤奋、对他人有用、技巧和搪塞,通过标准的商人品格,才能讨好他们想象中无所不在的管理者。很快所有关系都被视作"人脉",每一种冲动都被事先审查、判断是否偏离了可接受的范围。(Adorno, 2005: 23)

如果挣得经济上的生存就意味着更努力地工作,忽视个人兴趣,更长的通勤时间,或者在睡觉时间为明天的会议做准备——这正是当下的现实。科斯特亚和同事们在思考招聘广告和应届生招聘计划的言辞时提出,就业力的夸张话语让打工人产生了一种对自身"无限潜力"的不安感。每个打工人都被教导说,他总是可以做得更好,而获得就业力的路途就成了这样一条悲剧性的道路:旅行者不断向自己宣战,质疑自己的个性与成就是否恰如其分,始终对自己利用时间的方式和效率感到无法满足(Costea et al., 2012)。不符合模范员工形象的个人特征——例如害羞、低落、情绪敏感——都必须被抹去,以呈现出一个适宜推销的自我,这个自我是无害的、负责任的、易掌控的,最重要的是,可以雇佣的(Elraz, 2013)。就业力体现了一种新颖的权力动态,因为在某种意义上说,为就业力做出的个人牺牲是自我强加的。与传统的剥削(局限于固定的时间,并通过老板从外部强加的强制性纪律和技术控制)不同,就业力所要求的纪律是持续的,需要不断的自我管理。它代表一种"去中心化"的剥削形式,因为以前仅限于工作时间内的剥削的空间和时间界限已经消失,人们被迫以一种几乎是自愿的方式被驯服(Cremin, 2011: 58)。

生活被工作相关的要求殖民的现象,在主流教育系统中也许比任何其他地方都表现得更加明显和令人不安。从最宽泛的意义上说,教育应当提供广泛的个人和公共利益:培养学生的道德和政治意识，批判性思维和沉思的习惯，以及人对更复杂、更崇高的文化的鉴赏力。教育还可以教授人们所需的各种实用技能，使他们更自主、不依赖他人、能够照顾好自己和周遭环境。所有这些对教育工作者来说，都是合理和有价值的目标，然而今天最被广泛接受的教育目标是将人划分为不同等级的雇员群体，为年轻人承担工作角色做准备和认证（Bowels and Gintis, 1976）。我们可以再次回到罗素，他在1930年代就提出，现代对经济价值的强调已经掩盖了学习更广泛的价值：

> 在过去的一百五十年里，人们越来越强烈地质疑"无用"知识的价值，并越来越相信，唯一值得拥有的知识是那些能够应用于社会经济生活的某个部分的知识。（Russell, 2004d: 18–19）

即使罗素所说的"无用知识"没有直接的经济或社会效用，他仍然认为它具有至关重要的特征，因为了解更多的事物往往能使生活更加丰富。当我们怀抱兴趣的时候，生活会更有意义，从这个角度看，我们具体选择什么兴趣并不重要。了解一些电影的历史，可以帮人在观影中获得更多快乐，而学习如何改装电脑、制作衣服、修理自行车或烹饪亚洲食物，都有各自的愉悦之处。罗素还给出了一个更加奇怪的关于杏子的例子。他说,自从他了解了中国汉代杏树种植的起源和争议之后,杏子尝起来就比以前更甜了(Russell, 2004d: 25)。罗素认为,知识不仅仅在经济上有用,还可以成为生活乐趣的一部分,而且知识本身就是精神愉悦的源泉。

像罗素这样的激进写作者捍卫一种宽泛的通识教育的价值,而不是仅仅旨在为学生未来工作做准备和提供认证的更狭隘的教育。这一论点的另一位著名支持者是埃里希·弗洛姆,他对"拥有"模式下的学习和"存在"模式下的学习做出了富有启发的区分(Fromm, 1979)。就业力的压力往往会促使学生采用弗洛姆所说的第一种学习模式。在拥有模式下学习的学生会努力记住讲座中的要点,但"内容不会成为他们个人思想体系的一部分,从而丰富和拓宽他们的思想"(Fromm, 1979: 37)。他们与学习的关系是一种占有的关系:他们寻求拥有而不是吸收和整合知识,只为通过考试并获得资格证书。知识留下来了,但学生没有真正投入学习中,也没有用知识来解决他们自己的问题。学习的主要动机是焦虑。这与在更鲜活的"存在"模式下学习的学生形成鲜明对比。与那些只为获取知识的学生不同,这些学生会全身心地投入学习:"他们听到的东西会激发他们自己的思考过程。新的问题、新的想法、新的视角在他们的脑海中浮现。他们的

倾听是一个充满活力的过程。"(Fromm, 1979:38)

对弗洛姆和罗素来说,教育的最终目标不应该是向学生提供这样或那样的知识,而是培养他们的头脑进行沉思的习惯。教育应该以一种宽广而人道的整体人生观启发学生:

> 教育需要的不是这样或那样具体的信息,而是能激发对整个人生目的的理解的知识:艺术和历史,对英雄人物生平的了解,以及对人类在宇宙中奇异、偶然且短暂的位置的些许认识——所有这一切都带有对人类特有素质的自豪感,即看见和知晓的能力,去宽阔地感受世界的能力,以及进行切实的思考的能力。(Russell, 2004d:27)

目前,罗素描述的那种综合性教育往往局限在大学里,或者社会中更有特权的成员中——那些不受谋生的迫切需求限制,能够自由地学习的人群。当今劳动力市场的压力意味着,很少有人会倾向于真正把智力发展的享受和文化活动视为融入自身生活的终生乐趣(Ryle & Soper, 2002:183)。工作伦理的规训以及艺术预算的减少(这也包括失业救济金的削减,放荡不羁的艺术家历来用它作为非官方艺术预算的来源),也使得文化创作者花上几年时间潜心磨炼自己的手艺,然后以此谋生的路径变得不再可行。

许多学生在离开大学怀抱时也渐渐认识到,本科毕业生也要面对以前认为只有低薪、低技能工人才会面临的各种风险和不确定性(Brown et al., 2011)。这种不确定的氛围使得学生积极获取就业力并以实际的、工具化的方式思考如何确保自己的未来发展。此外,学费上涨和学生助学金的取消造成的学生债务,可能在年轻人有机会反思、权衡高收入带来的好处和代价之前,就把他们绑在了挣钱的需要上。预测显示,英国2011年入学的学生到毕业时平均债务将达到2.3万英镑,而考虑到最近学费的上涨,2012年入学的英国学生的债务将高达5.3万英镑。[4] 贝拉迪将学生贷款比作浮士德与魔鬼的契约。为了换取知识和证书,学生同意承担一笔债务,而这笔债务最终将制约他们的行为,并把他们束缚在未来的工作上(Berardi, 2009)。同有竞争力的毕业生一样,负债的毕业生更容易上当受骗去为更少的钱做更多的事,他们将成为当今劳动力市场上成千上万的无薪实习生的理想来源,虽然其中的许多实习都无法保证自身技能的发展或未来的就业情况(Perlin, 2012)。[5]

最终,就业力所带来的压力正在将马克斯·霍克海默对发达资本主义社会"丧失内在性"的哀叹变为现实:在这些社会中,"想象力的翅膀被剪掉得太快",因为个人越来越多地被迫采取一种更实际、更功利的方式来看待世界和他人（Horkheimer, 1974：25）。这种内在性的丧失的一个副作用是，我们的社会可能正在失去判定一项活动即使无法提高就业力、满足经济需求，也有价值和意义的评判标准。高兹提出了这样一个问题："什么时候我才是真正的自己，也就是说，我不是外界力量和影响的工具或产物，而是我的行为、思想、感情和价值观的创造者？"（Gorz, 1986）在一个工作之外的生活往往仅是工作的延伸——自由时间被用于恢复体力、消费麻醉和休闲享乐，或有意识地培养自己的就业力——的社会里，我认为这个问题已经变得难以回答，而这令人担忧。

消费的福音

在本章开头，我引用了高兹的论点，即"经济理性容不下那些不生产也不消费商业财富的真正自由时间"（Gorz, 1989：115）。为了充分理解经济需求在多大程度上占据了我们的时间，我们需要回到第一章介绍的"工作终结"论的基本原则。这一论点试图引起人们关注的事实是，关于生产的知识和技术进步所带来的自然趋势是消除人力需求。这就是为什么凯恩斯和其他人预计20世纪的工作时间会大幅减少。既然我们所需商品的集体生产时间越来越少，我们就可以自由地享受更多的闲暇。在更少的必需品的束缚之下，人类最终将有幸直面一个更深层次的问题,"如何使用他摆脱了紧迫的经济忧虑后的自由"(Keynes, 1932: 366)。

本杰明·亨尼克特在他的著作《无休止的工作》(1988)中指出,在1920年代的美国,向更多闲暇的社会转变曾经是一个现实的命题,因为那时,每周工作时间已经在过去的几十年里持续缩短,工会也一直在为减少工时而积极争取。直到1932年,共和党和民主党都把缩短工作时间列入他们的政治议程。美国的每周平均工作时间(取决于行业)从1900年的每周约55到60小时下降到了1950年代的40小时左右。[6]然而,尽管有这些历史先例,但很明显,工作批判者所设想的更休闲的社会并没有成为现实。在21世纪的今天,就算人们把从前对大幅减少每周工作时间的预测仅仅视作古董——一个几十年前就被遗忘的虽然美好但相当古怪的想法——也是可以理解的。亨尼克特解释说,放弃缩短工作时间的部分原因是商业领袖的强烈反对。20世纪初,他们普遍认识到,生产技术进步的自然结果将是自由时间的增加,但他们仍然坚决反对减少工作时间的主张。从商业领袖的角度来看,"过多的自由时间是经济衰败的症状,意味着缺乏为新产品找到市场的能力,以及剩余生产的负担会日益加重"(Hunnicutt, 1988: 42)。就像无所事事的前景被人认为不道德一样(我在第四章中将讨论这个议题),减少工作和增加闲暇时间的想

第三章　工作的殖民力量

法完全违反了经济增长的教条。

如果20世纪早期的商界领袖担心经济停滞,那么随着亨尼克特所说的"经济的新消费福音"的到来,这些担忧事实上得到了缓解(Hunnicutt, 1988:第2章)。20世纪将成为一个消费需求旺盛的时代:

> 如果现有的市场已经饱和,那么合理的应对措施就是寻找新的市场并增加消费,而非减少工作时间。商人们越来越相信,他们可以说服美国人购买以前从未需要过的产品,人们消费的动机是人们不断提高的生活水平,而不是某种过时的经济理由。(Hunnicutt, 1988:42)

看上去,凯恩斯等人对工作量减少的预测忽视了资本主义代理人迫使我们接受生产力增长带来的红利的程度——虽然这种红利不是以更多闲暇时间的形式,而是以更多消费的形式。随着现有市场的扩大、新市场的创造以及商业领域向此前从未商品化的生活领域的扩张,任何因生产力增长而赢得的潜在自由时间的收益,都被资本主义重新吸收。因此,20世纪及以后的资本主义故事并不是一个将人类从工作需求中解放出来的故事;相反,它是一个围绕用后即弃的消费品的制造、分销和市场营销制造出大量可疑的、在从前并不必

要的工作任务的故事。这也会是一个关于闲暇如何尽可能被转化和服务于消费的故事:

> 闲暇之所以被认为是有价值的,不是因为它完善了工作或通往更高的事物,而是因为它有助于促进消费和更多的就业。人们重视生产效率,不是因为它能减轻工作的负担,而是因为它使得产业能够持续开拓商品和服务的新边疆。(Hunnicutt, 1988: 51)

亨尼克特关于放弃更短的工作时间,拥抱消费福音的解释,让我们清楚地看到资本主义的本质:这是一个旨在产生需求,而不是一劳永逸地满足需求的系统。市场始终持续面临的挑战是保持消费者的需求和欲望:"正如马克思所预见的那样,垄断资本主义发现自己面临着为了出售商品而要塑造消费者主体性的问题:不是根据需求调整供给,而是根据供给调整需求。"(Gorz, 1967: 70)亨尼克特还引用了通用汽车研究实验室主任查尔斯·凯特林的话,后者同样承认,企业的目标必须是"有组织地制造不满"(Kettering, 1929)。在高兹的表述中,资本主义的利益相关者会试图推动一种"越多越好"的文化风气,而这摧残了人们去追求自己眼中的富足的能力(Gorz, 1989: 第9章)。如果一定程度的消费者满意度是为了让社会中较富裕成员持续消费所必需的，那么这种满意度理想的情况下应该是暂时而非持久的，以便维持消费者对更多商品的渴望。贾斯廷·刘易斯称现代资本主义为"贪得无厌的时代"：一个"已经到处是满足，却以永久的不满足为基础"的时代（Lewis, 2013：54）。我们生活在一个经济上和文化上都倾向于阻止人们对自己的物质生活感到满意的系统当中，对消费品的无限渴望已经成为西方社会的标志性特征之一。留给我们的问题是，这种社会现象是如何形成的。资本主义制度是如何说服我们，宁愿不争取更短工作时间和更多闲暇，转而渴望拥有更多的东西？今天的消费者的动机从何而来？

也许最显而易见的答案是广告。关于广告力量的最知名著作之一是万斯·帕卡德毫不留情的经典之作《隐蔽的说服者》（Packard, 1957）。帕卡德关注的是1950年代广告商的策略，他们说服消费者的技巧开始提高，从传统的推销方式转向更微妙的心理操纵和引诱技巧。随着市场中的消费品越来越多，广告商仅仅列出所售产品的优点已经不够了。这种广告策略对现代观众而言是可笑的，因为他们早已习惯了种种更加多样化和复杂的说服手段，甚至完全忽视所售产品的特征的广告也极为普遍。帕卡德对观众如此轻易地受到那些更具创新技巧的广告的影响感到担忧，并希望教导大家以更批判的眼光看待广告。

帕卡德和其他广告批评者常常因为夸大电视观众易受广告影响的程度而受到质疑，还有一些学者对广告能够凭空唤起虚假的需求这一观点反感。然而，也许更准确地理解现代广告的方式不是把它看作制造虚假需求的东西，而是把它看作试图说服人们以商品化的手段来满足真实需求的东西。广告常常迎合人们对社会认可、尊重、自尊和文化认同等事物的真实需求，并试图说服人们这些需求都可以通过购买来实现。

> 大多数当代广告的技巧是绕过对质量和价格的真实判断，将物品与某种情感或观念并置。目的是在产品或品牌和一些更飘忽不定的东西——受欢迎、魅力、家庭和谐、成熟、健康或任何其他我们珍视的社会价值的意象——之间建立象征性的联系。（Lewis, 2013: 82）

在广告的世界里，某品牌的相机不仅有更多的功能，还会把你定位为半专业摄影师或世界旅行家；一个更贵的狗粮品牌，不仅能给你的狗狗提供更多营养，还会让你成为一个更有眼光的狗主人；一个将一部分利润捐赠给慈善机构的服装系列，不仅让你穿得光鲜亮丽，还能让你得以向世界展示你是一个有道德意识的消费者。

今天的一些广告甚至更进一步地利用了观众可疑的"知识"。例如,男性除臭剂凌仕长期的一系列广告中,滑稽地夸大了香氛盥洗用品能让男人变得更性感的老掉牙说法。在这一广告中,喷上该品牌喷雾的男演员简直就是万人迷,让所有女性都难以抗拒。熟悉电视表达的观众会因为理解到这个笑话而觉得自己很聪明,但广告仍然有利于这个品牌,因为它给人留下了敢于破坏老派广告手法的印象,显得这个品牌有个性、幽默且品位不俗。健力士长期以来一直采用类似的策略,其电视广告通常有艺术短片一样的制作方式,而产品本身(一品脱的健力士啤酒)通常只在广告最小的角落中出现。如此,广告彰显了健力士是一个自信而有品位的品牌,不需要诉诸低级的说服手段(即使这正是它实际所做的)。在所有这些例子中,广告与其说是对产品的宣传,不如说是对理念的营销。

我们都看过这些广告,并且我们中的许多人都对它们抱持怀疑的态度,但这并不足以阻止我们不断接触到媒体世界中奢侈和时尚的生活方式,从而在内心产生一种强烈的匮乏感:"我们会观察电视里的家庭生活,我们会了解到名人和其他我们钦佩的公众人物的生活方式,这些信息通通被我们或有意识或无意识地放在心上。"(Schor, 1998:4)这并不是说我们像注射毒品一样盲目地吸收媒体的信息，而是在表明媒体塑造的美好生活的形象不断地影响和夸大了我们对物质商品的渴望。赫尔加·迪特马尔说得很好，她说："没人相信，如果他们买到了某件产品，他们就能变成超模或名人。相反，消费者理想对个人的思想、感觉和行动的作用是间接但强大的，并且随着时间的推移而逐渐加深。"（Dittmar, 2007：25）

在当代社会里，广告创造出的令人向往的形象似乎确实难以逃脱。在1990年代，根据研究人员的估计，普通美国人到18岁时看过的广告平均有350 000个（Law, 1994）。2011年，这一庞大的曝光体量使广告业每年的全球支出达到了惊人的5000亿美元。[7]如今除了广告牌和电视广告等传统空间外，还有一系列新的更隐晦的广告形式，如产品的植入交易、捆绑销售、亚马逊推荐、线上的"愿望清单"，以及可以根据人们的Facebook资料中收集的信息为每个人量身定制的广告链接。只要我们拥有任意一种能够联网的电子设备，广告就会成为我们日常体验中一个难以忽视的重要组成部分。无限的广告景观传达的消息是无所不在又千篇一律的，它告诉我们，无论你已经拥有了多少，获得幸福的唯一途径就是购买更多。

在更宽容的文化研究领域，面对社会批评家将普通消费者视为媒体操纵的受害者这一倾向,已经产生了不同的反应。评论者提供了另一种关于消费动机的理论,他们偏向这样一种消费者形象:在消费活动中积极选择、有所节制并施加影响(例如Fiske, 1989; Willis, 1991; Featherstone, 1991)。有人将消费者比作拼接毛毯的制作者,他将所消费产品的美学或象征品质缝合在一起,以充满趣味的方式建构自己的个人形象。正如康拉德·洛兹亚克(该方法的坚定批评者)所总结的那样,这种新的共识"将消费领域描绘成一个关于选择和个人自由的舞台,它关注消费行为对于人的意义——其象征性价值而不是物质使用价值,它强调消费对自我认同和生活方式的形成、维持和表达的重要性"(Lodziak, 2002:1)。在试图理解消费者动机时,当然不能忽视许多消费品的功能特质,比如它们让我们能够享受某种形式的愉悦、完成特定任务,或展现某种时尚感。然而,如果文化研究通过将消费者视为全然的能动者而非操纵术的受害者帮到了消费者,那这样做的代价便是极大程度地淡化了资本主义促使人们不断购物的系统性压力。

哲学家凯特·索珀在这一点上提醒了我们,她回忆了9·11事件的余波,以及美国政府是如何号召消费者去"爱国地"购物,以行使他们的自由并表明他们对西方生活方式的忠诚。从这种让人们停止哀悼并开始购物的急迫呼吁中，索珀解读出一个值得注意的提醒，即企业的势力依赖于人们对消费主义的忠诚（Soper, 2008: 568）。在试图理解是什么驱动消费者时，我们需要理解到这一点，但与此同时，我们也无需为了配合资本主义是一个制造需求的系统的观点，就简单地将消费者描述为被操纵的傻瓜。金·汉弗莱提出，我们可以将市场和消费者的关系理解为一种包围，这使得我们感到不靠花钱来满足诸多需求是困难或不自然的。包围的概念凸显了资本主义的经济和时间安排如何以各种方式重塑我们的社区、住所和日常生活，并在其中提倡高水平的消费观念。

> 在隐喻层面，包围［的观念］传达了这样一种感受，即我们这些富裕国家的人既生活在公共、私人、制度性的和商业的空间里，也生活在一系列日常活动的时间安排当中，而这种安排与市场资本主义密切相关，并将我们置于一个完全为消费量身定做的生活世界中。（Humphery, 2010: 133）

考虑到这些之后，让我们再次提出这个问题：资本主义是如何让我们产生越来越多的消费需求，以致损害我们减少工作的自由的？汉弗莱关于包围的想法忠实于高兹的观点，即大多数消费者交易并不是由广告的隐蔽说服制造的，而是最好理解为强制性的，或者说是资本主义客观上的必需。就需求的生产而言，高兹认为，人们主要是由于劳动中的异化而被迫消费，广告和其他文化说服技巧只是蛋糕上的糖霜而已。这就是说，参与有偿工作，并且因为收入而有钱消费，也往往会鼓励我们花钱。全职的工作周吞噬着人们的时间和精力，一方面为人们提供可供消费的现金，但另一方面剥夺了他们自主和自己动手的能力，于是也鼓励了人们花钱（Lodziak, 2002：89）。这解释了为什么那些主打"便利"的商品和服务广受欢迎。从预制菜到洗碗机和家庭保洁服务——一系列人们只要有时间和精力就可以自行满足的需求，现在都一律通过商业交易来满足。高兹认为劳动的异化加剧了消费倾向的观点也让人们注意到这样一个事实，即相当比例的消费可能是为工作中的痛苦寻求安慰和补偿。有人认为，奢侈品为人们"未满足的精神需求"提供了慰藉（Soper, 2008：576），购物体验中的轻浮和冲动是与工作纪律形成对比的一种享受（Bauman, 2001：15），而用消费品装饰的家代表了个人可以统治的私人领域，人从工作的服从关系中解脱出来，成为"孤独的君主"（Gorz, 1967：68）。

这里提供的对消费者动机的理解，并不在于消费者的物质主义、头脑简单，或是希望与众不同的自恋饥渴，而是在于社会惯例、时间节律和人造环境缓慢发生的重塑，这些变化使得商品密集型的生活方式成了一种规范。这个过程的核心就是资本主义的商品化趋势：之前被排除在经济领域之外的活动正逐渐被拉入它的轨道，从社会联系到获取知识、交通、健康、娱乐、住房、营养、安全，以及区别自我和他人——这些从前通过少量或小范围的商品来满足的需求——现在都更加依赖于市场上的经济交易。人们的锻炼需求越来越多地通过昂贵的健身房会费和私人教练来解决，解渴的需求不是通过打开水龙头，而是通过购买生产出来的品牌"饮品"来满足。此外，公共图书馆和有补贴的休闲中心等便利设施的撤销，以及公园的维护不足，都促成了包围的过程，城市中心正在发展成"没有围墙的购物中心"——在这里，想要不花钱地闲逛变得越来越困难（Minton, 2009：19）。商品化的这一过程，让我们看到消费已经慢慢取代了自己动手而成为常态，重塑了新一代在其中出生并在其中社会化的世界，以至于现在不依靠消费来满足个人需求已经变得不正常、不可能，甚至在某些情况下是违法的。高兹认为，在最极端的情况下，资本主义社会是由"工作者-消费者"组成的，在这种社会中，经济安排的设计使得人们既不生产他们实际消费的东西，也不消费他们生产出来的东西（Gorz, 1989：22）。在一个成人不再拥有时间、精力和技能为自己做事，孩子们

第三章　工作的殖民力量

被这样的成人包围的世界里，广告的说服力只会进一步强化人们已经广泛接受的观念，即"你工作是为了赚钱买你需要和想要的东西"（Lodziak and Tatman，1997：72）。

所有这一切意味着，消费者的需求以各种方式被扩大了：当然，部分是通过媒体广告的说服策略，但也通过一系列其他强加的消费，这些强加的方式更准确来说是结构性的，而不是文化性的。市场对个人的包围，以及随之而来的消费需求的扩大，是使资本主义得以调动起来，对抗工作时间减少的可能性的主要机制。强烈的消费需求增加了人们对劳动所得的依赖感，也进一步证明了把经济活动的很大一部分投入到生产和销售用后即弃的商品的做法是正确的。用J.K.加尔布雷斯的话来说，资本主义制度下消费者需求的不断扩大至少是"精心设计的社会陷阱"的一部分，这个陷阱使大家无法意识到减少工作是可能的（Galbraith，1958：264）。生产技术的发展为西方社会提供了选择：是拥有更多的闲暇时间，还是增加消费品的生产和消费。资本主义把我们带向了后一条道路，堆积如山的商品埋葬了人人安逸休闲的乌托邦理想。

…

在前面的章节中，我赞赏一个不那么以工作为中心的社会的论点，因为它打破了工作教条，并回应了这样一个现实：

对越来越多的人来说，工作已经是收入、权利和保障的越来越不可靠的来源。我还提出了减少工作、增加闲暇的论点，作为对工人异化问题的有力回应。对于这些问题，我想补充第三点原因，来说明为什么我们应当在此时此刻对工作教条进行一致的批判：因为这构成了评估和回应经济需求殖民了我们的时间这一现实的重要契机。当我们的大部分时间都花在工作、从工作中恢复、补偿工作的痛苦，或者做许多必要的事情来寻找、准备和持续工作时，很难说我们有多少真正属于自己的时间。我们现在的许多活动似乎都是为了保证我们当下和未来的生存，而不是因为这些活动本身具备价值。

如果说在20世纪初，减少工作时间和增加自己的时间的前景看起来是可能的，那是因为那些展望未来不那么以工作为中心的人，忽视了资本主义代理人迫使我们以更多消费，而不是更多闲暇时间的形式接受生产力增长的红利的程度。如果说生产技术的发展在理论上创造了减少工作时间的可能性，那么现实生活中减少工作时间的可能性还在继续为经济增长的原则所阻碍，受到资本主义不断将我们的闲暇时间推向消费的阻碍。在此意义上，主张对工作教条进行严肃的重估，并最终实现工作量的削减，也就是在主张一个这样的未来，即我们的生活有更大一部分能够从生产和消费商业财富的压力中解脱出来。

第四章
工作的大本营

> 当然,更短的每日工作时间和更短的工作周有人道主义的一面,但老想着这个问题可能会给人带来麻烦,因为那样的话,闲暇可能被放在工作之前,而不是工作之后——那才是它应该在的地方。
>
> ——亨利·福特(引自 Hunnincutt, 1988:46)

伯特兰·罗素在他的文章《闲散颂》中,毫不拐弯抹角地阐述了他的观点:"我认为世界上已经完成的工作太多了,将工作视作美德的观念造成了巨大的危害,现代工业国家需要宣扬的东西与从前一直宣扬的东西大不相同。"(Russell, 2004c:1)就像第一章介绍的那些工作批评家一样,罗素主张在全社会范围内减少工作时间,同时更公平地分配必要劳动。他认为,闲散的乐趣被不公正地局限在精英阶层中,而他们悠闲的生活方式建立在剥削他人劳动的基础之上。与这种倾向相反,罗素认为闲暇是每个人都应该享有的。在一个我们现在已经熟悉的论证里，他提出，现代生产技术已经使得闲暇时间的大量增加成为可能，因为其减少了生产必需品所需要的人类劳动总量。

罗素认为，增加闲暇的最大障碍是社会对有偿工作是一种高尚职责的固执信仰。他自己也承认，他对增加闲暇的呼吁"震惊了富裕阶层"，后者一直怀疑穷人是否能够明智地利用闲暇时间（Russell, 2004c : 8）。人们普遍认为穷人不值得拥有闲暇，更多的自由时间会导致无聊和堕落。（在罗素写作的时候，人们对越来越高的电影上座率产生了重大的道德恐慌，资产阶级社会认为这正在腐蚀年轻人。）从社会上最有权势的人的角度来看，也许更令人担忧的是，自由时间的增加可能会滋生穷人的政治意识，或者让人们有更多的时间进行集体行动。罗素在当时并没有对克服资产阶级职业道德的现实前景展开思考，尽管他的文章确实简要地提倡了要创造一场旨在攻击工作神圣地位的"大型公共宣传"（Russell, 2004c : 1）。

亨尼克特《无休止的工作》一书，更加详细地记录了那些在道德上反对减少工作的声音。他展示了当缩短工作时间在1920年代里变成一种越来越现实的可能性时，商业领袖如何发展出支持工作的宣传手段作为应对，说服人们相信有偿工作是人类的根本需求：

> 他们说工作是"一种快乐",是"人类进化的关键因素",是"奇迹",是"尊严",是"美国的秘密",是"疲劳感"和"精神倦怠"的有效药方,"能够帮助性格发展",是"冒险",是"更好玩的游戏",是"精神灵感的源泉",是"车间里的圣人"的缔造者。之前的二十年中,工作的社会价值曾经切实经历过一场"危机",但在最近这十年中,这样的质疑已经很少了,至少在商业和贸易出版物中是这样。(Hunnicutt, 1988:47)

乔治·L.马克兰是工作的捍卫者之一,他是费城齿轮厂的董事会主席。在回应允许工人每周工作时间从6天改为5天、将周六留给工人的提议时,马克兰宣称,"任何要求每周只工作40小时的人,都应该为声称自己是这个伟大国家的公民而感到羞耻",并警告美国人"我们国家的男性正在变得软弱和娇气"(引自Hunnicutt, 1988:40)。对于一个将工作看作人类文明支柱的社会而言,必要劳动需要的人力可能会越来越少的想法,是可怕的。

本章的目的是强调,对有偿工作的特定道德信仰持续地阻碍我们对以工作为中心的社会的未来进行一场真正的公开辩论。在20世纪初,减少工作的前景是在道德上令人不安的,在21世纪的新自由主义背景下仍然如此。近年来,将努力工作神圣化的意识形态卷土重来,与之相伴的是对不工作的人和其他抵制工作伦理的群体进行恶毒的妖魔化。本章会表明,这些观念有着强大的影响,不仅因为它们在媒体中的广泛存在,也因为一整套的社会政策帮助设置了这些观念,因而大大减少了抵抗工作的空间。在本章的最后部分,我还将思考社会学研究是如何助长了以工作为中心的社会的再生产的,特别是对有偿工作代表根本的人类需求这一观念的强调。尽管社会学那些试图理解失业经历的研究,通常是富有价值和具备同情心的,然而工作对我们的心理健康至关重要这一广泛流传但值得怀疑的说法,可能在不经意间促进人们除了有偿工作"别无选择"的观念。

对不工作的人的妖魔化

在《工作的问题》一书中,凯西·威克斯详细探讨了工作伦理的遗产,强调了工作伦理在现代历史进程中的巨大持久性和适应能力(Weeks,2011:第1章)。在17世纪和18世纪,是宗教要求人们一生致力于工作,19世纪宗教力量衰弱后,取而代之的是新的社会流动的可能性:通过在工作中付出辛勤汗水,自己和家庭的社会地位也许能得以提升。直到20世纪中叶,另一种不同的要素开始得到强调,工作被理想化为自我实现和个人发展的途径。总之,工作伦理作为一种苦行僧的理想，表现出了显著的韧性，并且无论形式如何，它要求的行为一直保持不变。工作伦理的所有变体都倡导"对有偿工作的认同和完全的奉献，将工作置于生活的中心，并肯定工作本身就是目的"（Weeks, 2011 : 46）。在今天的富裕社会中，拥有一份工作仍然被普遍认为是独立、成熟和良好品格的标志。努力工作仍然代表着一种正确的生活方式，并且是对国家繁荣做出贡献的证明。就算在有偿工作领域之外还有其他方式可以为社会做贡献和实现自我，这些途径也几乎没有得到足够的言说或广泛的认可。

要证实这一点，我们只需要观察工作伦理在新自由主义背景下大张旗鼓的回归。英国首相卡梅伦在2010年上台时，就坚持不懈地强调政府对"勤劳的人民"许下的承诺。2013年，他慷慨陈词道："我们正在为那些努力工作并想要出人头地的人建设国家。我们要对这个国家中认真工作的每一个人说：我们站在你这边……这是，也将继续是一个为努力工作的人服务的政府。"（Huffington Post, 2013）与之相对的，福利申领者则经常性地被卡梅伦描述为"无用之人"，这些人"坐在沙发上等着福利到来"（Cameron, 2010）。财政大臣乔治·奥斯本在2012年保守党大会上发表的讲话也呼应了这样的说法："我们得问，当那些天还没亮就离家的轮班工人，抬头看到隔壁邻居在紧闭的百叶窗后，仅靠福利就过着安稳的生活时,公平在哪里?"(Jowitt, 2013)这些对勤奋工作(在有偿工作的标准下)的反复提及,在公众想象中建立出一套僵硬的二分法。在这个二分法的一边,是那些正直、勤劳的公民,他们确保了国家的未来;而另一边,是那些道德上可疑的失业者,他们整天无所事事。你属于其中哪一种人?是只知道睡觉的人还是受雇的雇员,是逃避责任的人还是工作的人?你是有正事要做,还是什么都不做的人?这种将人群二元对立从而实现分化的方法,一直是社会规训的常用手段,无论这种二元对立是疯狂与理智,还是正常与不正常,或是危险与无害。新经济基金会将这种二分法称为"奋斗者与懒惰者"的划分:一种最新的文化迷思,因为它延续了这样一种观点,即那些"勤奋者"群体之外的人是不配得到任何东西的,他们在道德上可疑,并很可能成为犯罪分子(Coote and Lyall, 2013)。

伊莫金·泰勒将这些诋毁非工作者的行为称为"贫困的文化化"(Tyler, 2013: 162)。尽管存在大规模失业和社会不平等加剧的结构性事实,但贫困和失业仍被政府视为文化问题或个人行为问题。随着对社会阶级的讨论式微,对失业的结构性原因的理解逐渐消失,贫困被认为是自我管理不善的结果。即使在失业人数大大超过工作岗位数量的地区,人们仍然认为,如果一个人表现得更好一点,多付出一点努力,或者只是更相信自己，他就能找到工作，摆脱贫困。社会上最贫穷的人被认为是那些在生活中没有做出正确选择的人，或者是那些社会提供给他们机会后却不愿意抓住的人。经济上的贫困被归咎于胸无大志，这种持续强化的文化态度也反过来允许政府忽视贫困和失业的结构性原因。在这个新框架之下，社会的主要敌人不再是不平等、工作岗位稀缺和有吸引力的工作匮乏等结构性病征，而是一个所谓的崇尚懒惰、讲究应得权利和习惯依赖的文化的个体病征。这些文化解释不光带来了个人的痛苦和污名化，也同时将更结构性或系统性的问题拒之门外。大规模失业本应让我们有机会去质疑工作是否是一个有效的社会融入和团结机制，但实际正在进行的讨论却狭隘得多。

当然，并不是每个人都相信"奋斗者与懒惰者"的说法，但仅仅是它的普遍存在也足以引起人们的关注。对失业者的污名化是具备传染性的。关注公共资金浪费的耸人听闻的报道似乎无一例外地痴迷于疑似骗取福利金的事例相对较小的支出。Turn2Us发布的一份揭秘报告表明，失业福利在英国造成的"福利负担"被严重夸大了（Turn2Us, 2012）。该报告指出，与普遍的观点相反，自从2008、2009年经济崩溃以来，公共福利支出已经趋于稳定，且2012年远低于上一次经济衰退后的1995年的开支水平。[1] 人们的愤怒并没有蔓延到其他相关问题上，例如被用于工作税收抵免（以补偿吝啬的雇主）的公共资金，迫使许多人依赖住房补贴的高昂房租，或者未被公开的企业逃税案件。总之，媒体集中表达着对失业者的厌恶之情，失业人群通常被描绘成过着空虚而迷失方向的生活。

2012年至2013年期间在英国发生的凯特·赖利一案就是一个很好的例子，作为一个媒体事件，它将"奋斗者与懒惰者"的话语带到风口浪尖。2012年，英国联合政府试图通过强迫许多福利申领人从事一段时间的无薪工作来解决他们的失业问题。在新政策的规定下，一名失业的地质学毕业生赖利被迫放弃博物馆的实习机会，转而在"一磅店"的一家门店无偿工作。一位律师听说了赖利的故事并帮助她对政府提起法律诉讼，于是赖利的名字登上新闻头条，小报媒体炸开了锅。对于赖利的被迫劳动侵犯了人权的看法，《每日邮报》的简·莫伊尔如是回应道："当前的情况并不是她在未受指控的情况下，在关塔那摩监狱里关了十年。这也比不得关押在纳粹战俘营五年之久，每天都不知道自己是生是死。"（Moir，2012）就业与养老金事务大臣伊恩·邓肯·史密斯也加入了这场辩论。他给赖利贴上了对不同工作挑挑拣拣的"职业势利者"标签，并对那些为她辩护的人进行了更广泛的攻击——称他们为无法意识到自己的智力自负和优越感的所谓"评论精英"（Holehouse，2012）。这些刻薄的发言，发生在英国公共部门雇员因对政府修改养老金计划的提案不满,而举行大规模罢工的仅仅几个月后。当时,同样为《每日邮报》工作的蒂姆·希普曼没有报道罢工行动的动机,而是引用统计数据来贬低罢工的原因。该统计数据称,英国政府员工的平均工资比私营部门员工高7.5%。他写道,"这些发现将会打击那些声称公共部门工作人员受到严苛对待的工会领导人的可信度"(Shipman, 2011)。

这些例子向我们表明,围绕着工作伦理的道德围墙不仅很高,而且非常坚固。任何越界的雇员都会很快被视为危险的局外人,并被剥夺政治话语权。通过将反抗者描绘为病态的,将公众的注意力从政治事业转移到这些人所谓的叛逆心理上,所有反抗工作的行为的政治意义都顺利被削弱:

> 在这种背景下,反抗并没有与资本主义劳动过程中的不平等联系起来,而是被解释成工人自己的个人问题——一种消极态度,一种不擅长团队合作或逃避责任的无能。换句话说,工作的当代病征被推脱到雇员身上,并被内化为必须在团队会议、职业发展研讨会和私人领域的"自助"服务中得到"解决"的个人行为和特征。(Fleming and Spicer, 2003:174)

在凯特·赖利的案例中,评论家们以各种方式暗示赖利神经质、怪异，或者有一种不健康的权利意识。诸如"职业势利者"之类的笼统说法本质上与"嬉皮士""怪人"或"阴谋论者"等各种更早的称呼如出一辙，都被用来削弱对正统思维方式的威胁。媒体对劳资纠纷的另一种常见反应，是使用"可能会更糟"的论点。如果赖利认为她受到了苛待，那么她应该庆幸自己没有成为战俘。如果2012年参加罢工的英国公共部门雇员认为他们是不公正的受害者，那么他们应该想想那些收入更低、工作条件更差或难以找到工作的人。记者们通过提供比反抗者情况更糟的例子，再次暗示性地兜售一种谬论：错误在于个体和他们的权利意识。

工作的道德化毫无疑问在媒体无处不在的宣传报道中获得了市场，但它的真正力量也许来自一整套工作福利政策对这一原则的贯彻，这些政策的设计就是为了敦促福利申领者离开福利体系，进入有偿工作的领域。可以说，如果工作的道德化已经是一种十分强大的文化手段，那么当它被纳入现代政策的议程时，它还穿上了一层更丑陋、更具强制性的伪装。英国的新工党政府于1997年上台，并决心"重新建立一个以工作为中心的福利国家"（Department for Social Security, 1998），而之前受到保护的福利申领者，如单身父母和残疾人，越来越被期望找到工作。工作福利的遗产在英国联合政府出台的"'让英国工作起来'的大胆计划"中得到继承，从那时起，该法案就逐步收紧了申领福利的条件，同时对不遵守规定的非工作者进行越来越严格的审计和处罚。[2]

这些收紧的申领条件对于身陷困境的公民而言，与其说是帮助，不如说是一种束缚。为了避免受到惩罚，申请求职者津贴的人被要求对求职过程做出承担全部责任的承诺，接受就业中心官员认为合理的就业机会，并参加被认为能够增加就业机会的求职者培训项目。评论家伊沃尔·索斯伍德认为，鉴于许多领域实际上明显地缺乏工作岗位，这些培训活动通常具有表演性质，迫使申请人对社会地位低下的工作角色表现出一种虚假的积极和热情："如果拒绝继续配合这场表演并且不再假装彼此信任，可能会让个人承担来自整个机构的压力。"（Southwood, 2011：46）

在这项大胆的计划中，最令人不安的进展是强制福利申请人完成阶段性的无偿工作的政策。此外，"工作能力评估"——一项专门面向残疾人申请者的福利资格测试——也在2011年移交给了私人公司ATOS。交接之后，它立刻面临争议，争议基于来自公共调查人员、举报人和落选申请人的可信指控，他们指出工作能力测试中的方法有缺陷，加上极严苛的审计程序，这个测试明显地偏向于拒绝福利申请（Franklin, 2013）。根据报告，已经有成千上万的人被这样一个目的不在于提供支持，而在于限制福利受惠者数量的系统错误地宣判为"适宜工作"。[3]总之，虽然工作福利政策经历了一系列复杂的变化，但其底层的道德前提始终如一，即明确倡导受雇佣是每个人都应该追求的、正常和优越的状态。

所有这一切最终意味着，尽管我们已经到了一个迫切需要减少和重估工作的历史时刻，但强大的道德力量仍然在阻止真正自由开放的讨论。一系列的个人、社会和环境危机虽然已经为我们提供了充分的理由去质疑工作在现代社会中的功能和重要性，但对工作无止境的道德化却把我们限制在了常规的思维循环中——就像是一个持续不断的噪音污染源，或有人在你试图思考时反复拨弄你的耳垂。我将在第七章中具体描述这种影响，在那里我们会看到，我采访的许多不工作人士发现，他们在这种以工作为中心的道德氛围面前，很难坚持自己对批判性观点的信念。就像凯特·赖利和上面提到的公共部门雇员一样，他们经常发现自己因为另类观点和行动而被污名化了。在一个很容易对拒绝工作的人贬低、谩骂，甚至避之唯恐不及的背景下，要促成一场关于工作未来的开放而明智的辩论，无疑是困难的。

认为工作是一剂良药的信念

在社会主流政治使命的语境中，对工作的批判显然具有激进地位。然而，令人惊讶的是，在更应具备想象力的社学领域中,工作批判(至少作为一个类别而言)也仍然显得有些激进。在反思这门学科时,拉尔夫·费弗尔认为,社会学有时更像是工作的同谋者,而不是批评家。他哀叹经济社会学的某些领域在一定程度上已经接受了经济理性占据首要地位,而忽视了以"用非经济意义和价值来批判经济行为"为标志的,如马克思、涂尔干和韦伯等古典理论家(Fevre, 2003:3)。我们可以对关于失业的社会学研究做出类似的观察,这方面的研究有时候也有助于美化工作。社会学在研究人们的失业经历方面有着丰富而有价值的历史,并且极好地记录了失业使人们丧失收入、地位、身份和权利的痛苦后果。然而,由于研究人员不加质疑地将工作视作失业人员不幸偏离的一种正常的、自然的状态,即使是出于最好的人道主义的意图,这些研究的某些部分也可能在无意中巩固了工作伦理。

上述见解归功于社会学家马修·科尔,他提出,社会学的失业研究的一个副作用,就是经常强化了就业的概念,使就业与正常、健康的存在状态同义(Cole, 2007)。这种概念假设往往会因其隐含的对工作之外的替代性选择的恐惧,制造出一种单向度的思维方式。科尔的批评主要针对玛丽·雅霍达及其同事在1930年代进行的代表性研究(Jahoda et al., 1972)。雅霍达和她的研究人员以奥地利马林塔尔镇一家倒闭的纺织厂为对象，进行了深入的田野调查。1932年，这家工厂的关闭已经使得当地社区中77%左右的家庭没有一个家庭成员有工作。研究者描绘了这个城镇的凄凉景象："工人们从家里的窗户向外望去，看到的是一堆瓦砾、凹陷的锅炉、破旧的传送轮和他们曾经工作过的地方坍塌的墙壁。"（Jahoda et al., 1972 : 14）在全面的研究基础上，作者们得出结论，马林塔尔的居民正在陷入沮丧和无望，表现出对未来低期待、觉得时间过得很慢以及对什么都缺乏兴趣。考虑到马林塔尔的地方身份与工业发展紧密相连，工厂的关闭意味着对原本生活方式的根本性破坏，我们当然没有理由怀疑这些研究发现的可信度。实际上，也可以把马林塔尔的案例与我的家乡南威尔士进行比较。自1980年代撒切尔关闭煤矿以来，南威尔士一直在承受去工业化的痛苦影响。这些案例都证明了失业具有瓦解社区和摧毁人们熟悉的生活方式的力量。

马林塔尔的研究报告在1970年代被译成英文，其中对失业群体富有同情心的描绘值得称赞。然而，冒着把这个研究当作稻草人的风险，我同意科尔的观点，即这一研究中的问题值得仔细审查。这主要包括其刻板的分析框架，以及它如何影响了此后的社会学对就业的理解。为方便起见，我们暂且将这一框架称为"剥夺模型"。根据剥夺模型，有偿就业能满足人们一系列核心的心理需求：共同的经历和集体目标感，有组织的时间安排和规律的活动，以及社会地位和自我认同（Jahoda, 1982）。根据这个模型的解释，人们在失业中的痛苦体验主要源于他们无法满足这些核心需求。因此，失业被分析为一种有缺陷的生存状态，这种状态与正常和理想的就业状态相对立，并从根本上与痛苦联系在一起。虽然雅霍达和她的同事承认马林塔尔的情况确实相对独特（是一个失业人口骤然激增的工业社区），但事实证明剥夺模型已经产生了广泛的影响，激发了一大批作者延续对失业和需求剥夺的研究传统。[4]

剥夺模型在分析上的简单明了虽然可能具备一定的吸引力，但这也正是其问题的主要来源。它的主要缺陷之一是忽视了有偿就业更丑陋的一些现实。它简单地认为失业者的痛苦证实，有偿工作必定是一剂解药，但就业的好处只是抽象地提及，也没有提到更复杂的好工作与糟糕工作的现实区别。这是剥夺模式与英国政府处理公共健康的手段共有的一个特点。卡罗尔·布莱克女爵士2008年对公共卫生的官方评估提供了一个很好的例子，其中不加限定地陈述道，"工作有益身心健康"，这也反映了当下的主流观点（Department of Health, 2010）。政府对布莱克报告的官方回应中，进一步与之呼应地提到，工作是"提高生活质量和让人们充分发挥潜力"的关键（Department for Work and Pensions, 2013）。这样的断言事实上是极不具体的。例如，对于像单身母亲等工作福利政策的目标群体来说，就业的健康益处还很不明确（Baker et al., 1999；Cook, 2012）。这些说法也忽略了研究低质量工作（那些重复性的、规定性强的、被密切监督的、缺乏意义感的工作）使人异化并损害健康的所有成果，这一点我在第二章已有探讨。受雇佣"对我们有好处"的结论毫无现实背景支持。这是纯粹的意识形态。

剥夺模型的第二个问题是，它把失业者视为一种单一类型，他们的心理活动是可以预测的。它认定失业本质上一定是痛苦的，因此强烈暗示人们应该工作，因为后者是正常和自然的。对此，有许多其他研究值得赞赏，因为它们使这一概括性的结论变得更为复杂，并阐明了人们极具差异性的失业体验。弗赖尔和麦肯纳在1980年代末进行的一项研究为我们提供了一个说明性的例子（Fryer and McKenna, 1987）。研究人员以一群失业男性为研究样本，通过访谈比较了他们不同的经历，其中一些人被永久解雇了，另一些人停职7周并将重返工作岗位。研究人员发现，被永久解雇的男性比被暂时停职的男性经历了更多的困难。前者中的许多人反映说他们感觉时间过得很慢，而后者中的一些人则养成了令自己满意的习惯，说他们很享受自己的闲暇时间，并且在重返工作岗位之前努力完成自己制订的任务。这些发现表明，造成痛苦的并不是无业状态，而是被解雇的事实。然而，这种概括也同样站不住脚，因为研究人员还发现了两组男性内部的显著差异。弗赖尔和麦肯纳考虑的变量包括失业者的性格，以及他对未来的焦虑程度（因为焦虑似乎会削弱人们做计划和发起活动的能力）。与此同时，其他研究人员关注丧失收入对个体的后果（Weller，2012），失业过程中的不公正因素（Bies and Moag，1986），以及裁员在多大程度上是意料之外的事情（Dooley and Catalano，1988）。我们只能得出这样的结论：对失业的反应受到多种变量的影响。

就像成千上万的专注于分离出特定因果变量的临床心理学研究一样，对于是什么导致失业不快乐的研究，也可能沦为一系列最终旨在反驳或完善分析模型的悲喜剧。一项研究可能暗示家庭状况的重要性，而另一项可能强调个性类型，再下一项可能考虑个体的财务状况，但许多研究会忽略一个真相，即所有这些原因以及更广泛的一系列社会因素都影响着一个人的体验。当研究人员在研究情感创伤时，或许可以做出某些概括，但要知道人们会对普遍认为是"创伤性"的情境做出什么样的反应，使用僵硬的分析模型是非常难做出准确判断的。

　　失业对一个人来说可能是灾难，对另一个人来说可能是祝福,就像婚姻对一个人来说可能是幸福,但对另一个人来说可能是悲剧,比如在婚姻是违背个人意愿的情况下……什么是重要的,显然取决于个人和他们自己独特的经历。(Leader and Corfield, 2007 : 60-61)

在马林塔尔的案例中,失业者的负面体验,与其说是因为他们"核心的心理需求"得不到满足,不如说是他们从前作为工人时的社会化导致的。就业本身就对失业的负面体验负有一定的责任,因为全职工作通常只允许人们在有限的空间内培养其他兴趣、技能和社交关系,从而使人们缺乏工作以外的个人和社会资源。当人们声称自己喜爱工作时,可能是因为他们的工作本身就让他们体验到满足感,但同样也可能是因为他们对缺乏其他与工作一样被社会认同的、能够带给自己成就感的机会而感到挫败(Gollain, 2004 : 41)。

在我做大学老师的这些年里,也得以对这个问题进行反思。多年来,我每年都开研讨课讲授马克斯·韦伯及其工作伦理的理论。在研讨课上,我试图让学生们思考,我们今天为什么工作。我问他们,如果他们中了彩票,是否还会工作?令人惊讶的可能是,几乎所有学生通常都说他们会继续工作。这样明显的缺乏想象力很容易让人感到不安。罗素曾说过,如果人们担心闲暇时间的增加会带来无聊,我们应该将这视为"对我们当前文明的一种谴责"（Russell, 2004c : 11）。然而，从许多方面来看，学生们对工作的执念是完全合理的。在当代资本主义社会中，公共生活的概念几乎和参与雇佣工作同义，这确实让人很难想象一个人还可以通过其他方式去超越纯粹个人的孤立存在。兰塞姆对这个问题总结得很好：

> 人们一如既往地表现出强烈的参与劳动过程的意愿，关键的原因似乎极有可能或多或少直接源于这样一个事实：他们没有切实际的替代方案。（Ransome, 1995 : 210）

需要再次指出，这并不是说人们不可能享受工作。只是说，我们感知到的一定要工作的需求，受到社会的政治、经济和道德选择的强烈影响（Cole, 2004 : 9-10）。与剥夺模型的信念相反，在人类的先天心理结构中，并不存在任何使我们必须成为一名雇员的东西。在当今以工作为中心的社会中，失业对大多数人来说无疑是可怕的经历，但这几乎没有告诉我们，在一个假设的未来社会中，当工作不再是收入、权利和归属感的唯一来源时，不工作会是一种什么样的体验。假如收入可以与工作脱钩，让每个人都能从更好的经济保障中受益，会怎么样？假如除了有偿工作中的表现之外，还有一系列的方式来赢得作为公民的尊严,会怎么样?假如越来越多的闲暇时间,催生了蓬勃发展的非正式社会网络和自主组织生产的基础设施,又会怎样?我以前的学生们还会如此强烈地依赖工作吗?我猜也许他们不会。我们必须批判性地看待剥夺模型,因为它为我们的想象力划定了界限:它助长了一种错误的信念,即就业是满足某些基本人类需求的唯一途径,并且,它阻碍我们超越以工作为中心的社会去思考的能力。当我们认识到工作的需要是社会的政治、经济和道德选择的产物时,整个社会就可以自由地做出新的选择。我们仍然对批判性的社会理论家们所主张的令人兴奋的前景持开放态度:传统上通过有偿就业满足的需求(或者在某些情况下是未能满足的需求),能通过其他方式来得到满足。

对工作的抵抗

社会学家爱德华·格兰特在总结他对工作批判的综述时,指出了工作"在政治、政策和大众话语中的无懈可击的地位"(Granter, 2009:182)。到目前为止,我所讨论的许多话题似乎都证实了这种恐惧。虽然许多批判性强的思想家呼吁一种激进的对工作及其社会角色的重估,但有偿就业分明继续殖民和统治着我们的日常生活。减少工作的前景似乎也很遥远,消费者经济不断为我们提供工作和花销的新理由,政治意识形态则继续倡导工作是身体健康和个人美德不可替代的源泉。然而,如果对工作的未来进行开放辩论的前景看起来仍黯淡,那么我在本书剩余部分建议的是,将前几章的内容作为一个允许更多积极探索的大纲来使用。虽然我们的生活和思想越来越多地因为资本主义生产的利益而被殖民,但社会对个人的控制永远不可能是彻底的。放眼望去,到处都有人觉得自己不同于并且超越了社会强加给他们的角色。正如赖尔和索珀表达的,问题在于社会所推崇的理念与现实中实际统治社会的理念是不一样的:

> 它教导利他主义,但又以利己主义为根基;它赞同社会责任,但又奖励经济上的自利;它提出了批判性自主和个人全面发展的目标,同时却支持那种迫使大多数人长时间从事枯燥无味的劳动的制度。(Ryle and Soper, 2002: 58)

它还继续提倡努力工作的道德,即使在稳定和有意义的工作供不应求的情况下。人们能承受的只有这么多了。要知道,人们对于道德理想与日常现实之间的矛盾的容忍是有限度的,从这个意义讲,对工作殖民力量的研究如果不包含抵抗和反叛的对立传统,就是不完整的。每当人们拒绝将工作是好的、健康的和正常的这一观念内化时,这种反抗就会发生。

对工作伦理的反抗曾以多种形式出现。我们可以想到早在1860年代,发生在英国和法国的工人和资本家之间关于工作日时长的旷日持久的斗争(马克思在《资本论》的"工作日"一章中记录了这场斗争)。在最近的几十年里,我们可以想到朋克、嬉皮士和闲人的历史,或者回想起以杰克·凯鲁亚克、查尔斯·布考斯基、亨特·S.汤普森、鲍勃·迪伦、伍迪·格思里和汤姆·威茨等人为代表的艺术运动所赞颂的酒鬼、食客和流浪者。这些人物都以自己的方式主张着对朝九晚五生活方式的拒绝。在他们的书和歌曲中出现的人物与X世代——这一说法是道格拉斯·库普兰1990年代的同名小说(Coupland,1991)普及开来的——有着强烈的亲缘相似性。《X世代》描绘了一群努力摆脱对雅皮士生活方式的幻灭的年轻人。库普兰的小说诙谐幽默,言辞犀利,甚至还为X世代的文化武器库提供了新的语汇:比如"麦工"(McJobs,一种"低工资、低声望、低尊严、低收益、没有前途的服务业工作")、"肉牛舍"(Veal-Fattening Pen,"用由织物覆盖的可拆卸墙板搭建起来的狭小办公点,由低级员工居住"),和"延迟叛逆"("一个人在年轻时为了获得正经的工作经验,选择避开属于年轻人的活动和艺术体验。这有时会导致人们在30岁左右开始哀悼起逝去的青春,紧接着换愚蠢的发型、穿上令人发笑的昂贵行头")。[5]

然而,拒绝工作绝不是艺术运动的专利。除了这些(男性主导的)文学反抗之外,我们还可以想到各种另类历史。我们可以想想那些质疑女性仅通过在工作领域加入男性就能获得解放的第二波女权主义者。在1970年代,玛丽亚罗莎·达拉·科斯塔和塞尔玛·詹姆斯敦促女性拒绝可以通过工作获得自由的迷思:"到流水线上接受奴役并不能算作从厨房水槽的奴役中解放出来。"(Dalla Costa and James,1973:33)我们还可以回想一下意大利的自治主义者,在1960年代和1970年代,激进的学者连同工人、女权主义者、学生和失业者,以"拒绝工作"的名义组成一个松散但庞大的联盟(Wright,2002)。或者我们可以想想罗宾·凯利对不同群体的黑人工人阶级的描述,他们的反叛使他们能够在就业领域之外寻求意义和乐趣(Kelly,1994)。再或者,我们可能会想到当代欧洲对不稳定的工作生活更为激进的回应。正如凯西·威克斯注意到的,一些欧洲活动家面对恶化的工作合同,不再要求回到一个可靠的剥削世界,而是呼吁在生活和工作之间建立一种完全不同的关系(Weeks,2011:80)。欧洲五一节运动——由西欧各地的灵活就业人员、临时工和移民工人组成的集体——就是这样的运动之一,他们每年集会一次,以宣传另一种发展愿景。[6]

高兹作品的一个贯穿始终的主题是，发达工业社会正在对工作的祛魅，即便常常没被表达出来。高兹指出了"新无产阶级"的诞生：一个人口统计学意义上多样化的"非工人阶级"，他们意识到自己的时间和能力浪费在了就业上，决定在生活的其他领域寻找成就感（Gorz, 1982）。在理论层面之外，高兹没有详细阐述新无产阶级是谁，或者他们出现在哪里。重要的是，高兹并不将新无产阶级视为革命的政治主体（即，他们并非马克思口中的革命无产阶级的接替者），而是将他们看作文化对工作幻灭的具体体现，但这种幻灭尚未找到集体表达或政治手段。他认为正在酝酿的反工作情绪，暂且只是人们内心和思想的一场变革，但这种对工作的不满是否会转化为真正的社会替代方案还有待观察。

今天，许多呼吁重新评估工作的人对社会中质疑工作的文化暗流抱有信心。芬恩·鲍林认为，学院中的工作批判的一部分效力，就在于其与当代社会运动的诉求相一致的程度。这些运动"要求更高质量的生活……要求一种不那么积极进取和个人主义的文化，要求更有利儿童的政策和空间，要求将环境也视作审美和精神滋养的源泉之一，还要求更多的自由时间和不那么商品密集型的存在方式"（Bowring, 2011：150）。凯特·索珀在谈到新兴的"另类享乐主义"文化时也表达了这种信念，在这种享乐主义中，超长的工作日和消费密集型的生活方式正在受到审视反思,人们开始强调如自由时间、身心健康、欢乐氛围和更为松弛的生活节奏这类非物质商品的价值(Soper, 2008)。类似的,新经济基金会在关于每周工作21小时的宣言中也提到了"那些正在变化的期望或道德观念,关于社会中的工作和时间的用处、价值和分配"(Coote et al., 2010 : 4)。

虽然这些批评家在他们的观念与当前文化之间的共鸣充满信心,然而公平地说,对当代语境中的拒绝和反叛的讨论往往仍停留在模糊的层面。我在本书剩余部分的目标,正是为纠正这种状况而迈出的尝试性的一步。在接下来的三章中,我将探讨一些真实的英国人所口述的经历,他们试图通过减少工作时间或完全不工作来拒绝工作。我将在第五章先介绍我遇到的人们,探讨他们拒绝工作的原因,并概述他们如何使用时间。在第六章和第七章中,我将深入讨论他们在试图拒绝工作过程中遇到的一些乐趣和困难。正如我们所预料的,在以工作为中心的社会背景下,人们孤立地尝试减少工作时间会遇到重大障碍。考虑到反对减少工作时间可能性的诸多力量,对工作的切实反抗有多大的可行性?在更不以工作为重心、更不商品密集型的生活方式中,有可能发现隐藏的乐趣吗?本书的剩余章节正是由这些问题激发的。

第五章
断点

> 作为一个闲人，我承诺……努力杜绝疯狂加班，尤其是不为公司里那些自以为是的人上人；尽可能不让压力入侵我；慢慢吃饭；经常喝真正的精酿啤酒；多唱歌；多微笑；在感到恶心之前离开朝九晚五的走马灯；在私下里也在公共场合自娱自乐；娱乐自己也娱乐他人；认识到工作只是为了支付账单；永远记住朋友是力量的来源；享受简单的事物；在大自然中度过美好时光；少花时间在大型企业和公司上；要去创造很多美好的事物；记得反其道而行之；为自己身边的世界和人们带去改变，无论这改变多么微小……
>
> ——摘录自闲人联盟宣言

2009年和2013年之间，我经常与这样的一群人在一起，他们采取了重要措施以防止工作侵占他们的生活。有些人减少了工作时间，另一些人则完全放弃了工作。我通过各种方

第五章 断点

式找到他们——互联网搜索、本地广告或现有参与者的推荐——并采访了他们与工作有关的观点和经验。我想了解是什么促使他们抗拒工作，找出他们用多出来的时间做了什么，并试图更深入地了解拒绝工作的过程中可能遇到的快乐和困难。虽然一些采访在电话上进行，但尽可能尝试在人们的家中进行面对面谈话。我发现他们对自己的时间十分慷慨，一些采访经常持续好几个小时（有些不止一次），我也接受邀请加入了他们的各种活动。在调查研究的过程中，我沿着海岸散步，做园艺，帮着搭建烧烤架，还一度在当地音乐节摆摊。

需要记住的是，我遇到的这些人们基本上就是普通人。相对特殊的是其中的四名参与者，他们与一个名为闲人联盟的组织有联系（杰克、迈克、安妮和艾伦）。这听起来可能不太寻常，但"组织"在这里也许是个过于强烈的词。该联盟的一位创始人告诉我，除了一个不太重要的例外（下文将予以描述），该组织从未尝试过"做政治性的事情"。该联盟的主要吸引力是一个在线留言板，经常访问的用户群体很难被定义，在人口统计学意义上也多种多样。其中一些人稍微削减了一点工作时间，另一些人减少得更多，也有些人正在尝试完全不工作。还有的人似乎只是在寻求有趣的对话。就像我们在本章开头见到的那些来自用户的承诺列表，闲人生活与其说代表一套固定的原则，不如说是某种心情感受或一种质感，其中既有认真严肃也有轻松玩笑的成分。论坛的主题可能是邀请人们评论福利政策的变动，分享省钱的技巧，推荐一部好电影，或者吐槽不同马桶坐垫的设计。虽然接受采访的几个闲人确实具有一些理论概念和框架，从而能够用政治术语来表达自己反对工作的斗争，但总体而言，闲人们不能被描述为具备坚定意识形态的活动家或一个连贯统一的社会运动的成员。

除了这四个闲人，我还认识了十五个人，每个人都有不同的背景、处境和诸种欲望。其中一位是埃莉诺，一个三十出头的女性，也是我遇到的唯一一位因为抵制工作而走出主流社会，进行集体生活实验的人。在光谱更极端的位置，我还会放上谢里尔，一个四十多岁的女人，她自豪地将自己定义为"慢活族"以及"慢节奏生活"的爱好者。我拜访了谢里尔的家，她告诉我，她的部分收入是通过在当地广播节目中宣传自己的观点赚取的。但是，在大多数情况下，我们可以将埃莉诺和谢里尔视为普遍现象中更激进的例外。我遇到的大多数人都没有听说过诸如"闲人"或"慢活族"之类的术语，并且当我提起这些词的时候，有人甚至说他们觉得这些说法有些让人反感。一位参与者雷切尔抗议说，"这听起来有点嬉皮"。

在显得不那么另类的光谱另一端，我们有像亚当和萨曼莎这样的人，他们对工作的抵制表现为突然转行。亚当抛弃了计算机程序员这种要求高投入的工作，选择在日本做兼职英语教师，同时接少量的自由编程工作。萨曼莎放弃的是专利律师这一高薪工作（这使她的母亲感到惊恐），转而成为兼职服务员和私人教师，从而获得更悠闲的生活方式。也有一些人，例如布鲁斯、露西和艾玛，他们感到自己健康状况不佳，以至于很难继续工作。对这些人来说，对工作的抵抗似乎是出于自我保护。在我遇到的所有人中，也许拉里表现出了最卑微的抵抗行为。作为一名社工，他曾经鼓起勇气要求他的经理每天减少一小时的工作时长——这项要求获得了同意。拉里的目标很简单，只是让自己的日常生活不再那么匆忙和充满压力。

这些人们抵抗工作的努力是否成功是一个复杂的问题，我将在接下来的章节中继续探讨。我的阶段性结论是，一些人比另一些人做得更好。尽管有人说他们通过兼职工资、以前的积蓄或配偶的收入过着相当舒适的生活，但许多人实际上为抵制工作做出了重大牺牲，只能靠着不断缩水的储蓄、偶尔的临时工作、朋友帮忙、贷款和国家福利这几种东西的组合来维持生活。每个人的信念也有很大程度的差异。正如我们将在第七章中看到的那样，有些人的家人朋友对他们的决定表示支持和同情，这使他们充满活力，并非常骄傲地说起他们的选择。相比之下，其他人被失业的污名打倒，他们的叙述中充满羞耻和自我怀疑。读者也许还应该认识到，访谈作为理解人们对自身处境的感受的一种手段，有局限性。像所有社会交往一样，访谈是一种自我表现和选择性诉说真相的行为。这并不是说参与者是骗子，而是要认识到访谈与其他任何社会互动无异。我应该透露，我遇到的一两个人的强迫性乐观情绪使我不太能信服。我不知道他们是否隐藏了生活中一些不太理想的方面——也许是向我隐藏，也许是向他们自己隐藏。然而在大多数情况下，我的直觉是，人们十分开放地分享了自己生活的跌宕起伏。许多人对参加这项研究的机会心怀感激，表示他们珍视这个机会，因为能帮助他们厘清自己的感受。

认识到这些附加说明之后，本章及随后的两章将致力于探索我所采访的人们的故事和说法。[1]第六、七章将关注抵制工作的乐趣和困难。但先让我们从更基本的问题"为什么"开始。为什么参与者觉得有必要抵制工作，或者也许更准确地说，为什么他们感到有必要抵制工作以后，选择了行动？感到有必要抵制是常见的，但是很少有人将这种感受转化为对周遭环境的改变。当我们看过这些采访对象的故事之后，我们会越来越清楚地看到，抵制工作的决定完全不是源自懒惰、疏忽或对生产活动的厌恶。相反，抗拒工作的决定始终是由另一套有力的道德原则驱动的。我的目标不是像当今以工作为中心的社会中经常发生的那样，把这些道德原则视作古怪或离经叛道的并加以拒绝；相反，我希望认真对待并探索这些观点，作为重新评估工作价值和减少工作时间的一种可能的灵感来源。

永别了圣诞老人

那是夏天最热的日子之一，我去了英格兰东南部的一个当地集市，希望见到闲人联盟的成员。他们计划在集市上摆摊，并好心地同意我加入。没有人喊口号或挥舞横幅。有几个人试探性地向路过的公众发传单，但这次活动似乎更像是一个聚会的由头而不是宣传活动。到了午餐时间，大多数闲人都走了，就在那时，我注意到杰克躺在距离摊位不远的地方晒太阳。他三十多岁，是一个不爱出风头的人，最初看起来不太愿意接受采访——他似乎不相信他对世界的看法值得我跨越半个国家。杰克最终同意和我一起坐下来，他挡住眼睛上方的阳光，并以带有歉意的语气开始了他的采访。然而，当我们交谈时，他变得更加哲学化。他花了一些时间思索我的问题，深吸一口气，然后平静地解释了他的世界观。杰克用浓重的地方口音解释说，他把图书管理员的工作改为兼职，是为了更多的自由时间：

> 我想，"等等，生活不仅仅是朝九晚五的工作和通勤之类的事情，生活总该有更多"。所以我对可能少工作一些的想法很感兴趣，还有这种工作半天、剩下的时间留给自己的模式。

杰克表达了从事创造性工作的强烈愿望，但他认为这种愿望在他以前的全职工作中被扼杀了。他概述了自己的信念，即创造力是通过悠闲的、充满对话和阅读的生活方式来发展的，但他以前的工作使他无法经常做这些事情，他感到遗憾。转为兼职的目的是减少疲惫感，并借此重新发现对创造性活动的渴望。他特别喜欢写作，并很高兴地说他有时间恢复写作。

> 我没想到我会一直做［兼职工作］，但有趣的是你发现自己在生命中的不同时间会被不同的事情吸引，而那一刻我只想探索这件事。到目前为止我还在继续，并且我想，这给我带来了更大的创造力。

杰克说，每天工作四小时左右的新习惯已经变得"非常自

第五章 断点

然",即使他明白他的生活方式并非常规。我相信,当他将大多数人的生活方式描述为"就像一种宗教或某种疯狂"时,他指的是我们所说的工作伦理。杰克用"顿悟"或"觉醒"等词描述了他减少工作的决定,他认为自己已经识破了周遭世界的疯狂之处:

> 问题是一旦发生,你就无法再以任何其他方式看待事情,因为这几乎就好像你已经看到了真相——就像看透了一层伪装一样。这有点像成年人意识到圣诞老人并不存在。

我遇到的许多人都会用类似的描述来形容他们减少工作的决定,这是他们曾经拥有的文化信仰被刺穿的结果。这种批判距离有时是在一个人的工作生涯开始后形成的,但有时它的根源似乎可以追溯到更早。另一位闲人迈克谈到,他三十多岁的时候"看透"了学校老师灌输给他的工作伦理。参与者埃莉诺开始认为,"我们真的只是在社会条件下才觉得应该一直工作、赚很多钱,做所有这些事情"。无论具体出于何种原因,对这些人来说,必须工作更像是一种社会建构而非生活的事实。当为什么工作的问题突然摆在台面上,正如杰克所说,就不再有回头路了。一个人要重新相信圣诞

老人的存在是不可能的:

> ……我们不可能退回过去,再次不假思索地例行公事,因为就其本质而言,过去的取向涉及一种关于生活不可能是别的样子的幻觉,而不幸的是,现在我们的自我意识已经摧毁了这个虚构。再也无法回到那种不加反思的状态了。(Cohen and Taylor, 1992 : 59)

这些体验可以与伯纳德·莱夫科维茨对1970年代美国主动失业现象的研究放在一起比较,后者的受访人也经常谈到觉醒或者启示一类的感受(Lefkowitz, 1979)。莱夫科维茨将这些经历称为"断点":人们决定从工作中停下来(通常是永久性地停下来)的节点,也是他们在情感意义上"破防"的节点。断点代表一种个人危机,一个人习以为常的习惯和信仰遭到了质疑。个人生活中的重要事件、新的道德见解或积累的压抑感,会让一个人质疑他习以为常的习惯和信仰,并使得身边的环境和日常变得越发难以忍受。用更重量级的社会学术语说,断点可以被描述为人们超越物化现象的时刻。物化概念最早由马克思提出,后来彼得·伯格及其同事在对人类意识的分析中挪用了这个概念。与马克思一样,伯格及其同事也认为人类总是与世界保持辩证关系:高于并塑造人类生活的社会和制度秩序本身始终是人类活动不断生成的产物。在《现实的社会建构》一书中，伯格和卢克曼提醒我们，社会世界只能是人类活动的产物："重要的是记住，无论制度世界对个体来说有多么庞大，它的客观性始终是人类自己生产、构建的客观性。"（Berger and Luckmann, 1967：78）只有记住，社会是且只能是人类行为和选择的产物，人才可能将世界体验为一个开放的、充满可能性的领域。物化的概念所描述的过程，正是对这一基本事实的遗忘。

伯格和卢克曼认为，复杂的社会和制度秩序的发展导致人们认为人类现象就"好像是事物，也就是说，是某种非人类或可能超人类的存在"（Berger and Luckmann, 1967：106，着重号是我加的）。这种物化的意识是社会化过程的结果：这一过程通过确保个人牢记社会规范、他的社会角色和社会结构来避免混乱，并促进社会的凝聚力。社会学的一个核心原理是，社会通过社会化进入人类意识，将其塑造成社会所期望的形状，并确保个人能以最少的反思来行事。如果社会化的过程成功，被整合进社会的个体就会接受现实的决定因素是自然的和既定的：世界在认识中成为一种直接的或前反思的存在，社会角色"被视为理所当然，并被体验为必然的命运"（Berger and Pullberg, 1966：65）。

科恩和泰勒将这种默认或日常的意识模式描述为"不加

反思的适应力"之一,提出这表示了一个人在其角色中的轻松自在感(Cohen and Taylor,1992:47)。然而,如果物化的体验在某种程度上包含了精神和功能上的必然性,伯格和普尔伯格认为它就也同时代表了一种异化。因为当社会世界在人类意识中被表现为一个无法改变或固定的实体时,它就不再代表一个开放的可能性视野,等待着人类的印记:"通过物化,制度世界似乎与自然世界融为一体。它成了必然性和命运,并以这种方式被经历,无论情况如何,幸福或不幸。"(Berger and Luckmann,1967:108)人所遭遇的世界是一种惯性或自然"给定的"东西:"它就在那里,不受人的意愿影响,高于人,是人无法理解的陌生事物。"(Berger and Pullberg,1966:63)[2] 在日常生活中,这种异化像针刺一样让我们感到不适。它产生一种令人不安又总是被压抑的感受——生活中有太多的事按照预先设定的脚本式的规则来进行了。正如科恩和泰勒所表达的那样:

> 我们非但不会感激"不加反思的适应力"让时间流逝,帮助我们度过这一天,反而会因为我们让自己如此轻易地被世俗、琐碎、意料之中的事物裹挟而感到不安……这就是我们所说的无聊、单调、乏味、绝望的经历。(Cohen and Taylor,1992:50)

这种个人被世俗惯例所困扰的感觉很好地描述了我遇到的许多人的情况。雷切尔是一位五十出头的认真女性,她将自己从全职转为兼职(她的工作是人力资源职员)的决定描述为"让生活脱离自动驾驶模式"的尝试。我们可以将其与安妮进行比较,后者辞去了需要高度投入的电视行业的工作,成为一名自由摄影师。安妮将自己的决定称为"从漫长的睡眠中醒来"。一些参与者贬低了那些看上去循规蹈矩地过自己的生活、没有明确的理由或目标的前同事。露西提到与她共事的人时说,"他们永远在工作,并且毫无怨言"。亚当对职业生涯这一现代观念抱有严重的怀疑:

> 一个人的职业生涯就是一项工作接着一项工作,然后再接着另一项工作,而如果你并不知道自己为什么要做这一切——不知道就等于承认你在浪费生命。

亚当喜欢温和地诱导人们说清他们上班的原因,但他很快发现这是一个不太舒服或者说有禁忌的聊天领域:

> [人们]给你一个相当轻率的回答,就相当于在说"哦,别问我这个"。他们很乐意谈论其他事情并随意闲聊,但没有人真的愿意讨论这些深层次的问题。

在每个案例中,受访者都表达了想要有目的地生活的强烈愿望,他们通常会提到更早的人生阶段,那时他们还没有清醒的意识,也不是自己坐在人生的驾驶位上。这样来看,断点是他们开始质疑工作角色的可喜时刻。或者用伯格的术语来说,它代表了去物化的时刻,在这个时刻,他们更加意识到就业需求的社会建构本质。当然,这并不是说,断点意味着一个人完全脱离了他在社会中的文化角色和位置,或者就等于摆脱了工作对人的结构性束缚和意识形态束缚。谦逊地说,断点代表了这样一个时刻,即人们开始更清晰地反思自身的认知能力,以及自己在周围社会的约束下指导自身行动的能力。就业的需要不再被视为自然法则或人的特性,而是成为一个值得批判性关注的对象。人们兴高采烈、带着自豪的心情,描述了对自己的固有观念和习惯进行反思、摆脱原有角色、重新发现生活可能性的过程。他们公开反对那些约定俗成的由时间表、职责、日常和规则组成的世界,因为这些都威胁到人们维持自身作为独立、有思考能力和负责任的个体的能力。当他们的压抑感积累到促成了真正的改变之时,他们就实现了升华(catharsis)。

到底是什么让我遇到的人们对一向看似理所当然的事态保持了上述程度的批判距离?断点代表着物化被刺穿的时刻,这时人们的生活呈现出新的可塑性——但人们何时以及为什么不再接受既定的自然化的社会角色呢？尽管社会斗争向我们表明，即使有社会化、社会纪律和意识形态的规范作用，将个人整合进社会秩序的努力也不会完全成功，但是，如果自我总是具备拒绝被整合的元素，那么是什么导致这个元素被唤醒和被听到呢？

断点的原因很难确定。批判性反思可能发生在最难以预测的情况下：堵车时或在拥挤的商场里心中隐约的荒凉感；毫无意义的团队会议中浮现出的怨恨；一场深入大自然的旅行或是驾驶在开阔大路上所激发的沉思。受访者埃莉诺用近乎神秘的说法谈论了一种超越或顿悟：这在科恩和泰勒关于逃避主题的文章中被形容为"悄然穿过结构的瞬间"（Cohen and Taylor, 1992）。一个人短暂地被某种模糊且难以形容的力量或精神淹没，这引导他进入一个重新审视世界的过程。埃莉诺选择不详细讨论她的经历。她无法清楚地表达它，因为这似乎让她感到害怕，或者至少让她有些不好意思：

> 也许有一个关键的转折点。这有点难以深入，因为它是一个模糊的——我还没有真正和任何人谈论过这件事，而且这很——它当时给我的感觉是，嗯，我应该找时间坐下来，弄清楚当时到底发生了什么。

伯格和普尔伯格推测，去物化可能会发生在"困难时期"——它动摇了原有世界的基础，并使其能够重建（Berger and Pullberg, 1966 : 69）。我遇到的几个人讨论了目睹死亡带来的内心动荡，这能说明上述观点：

> 我继父在我十岁时去世了，这对我来说是一个警钟。它让很多事情都得到了正确的看待。它让我走上了一条思考之路："好吧，生命太短暂了。它可能就像这样结束了，所以我要做我自己的事情了。"（迈克）
>
> 我的意思是丧亲或裁员——有时可能是好事，这些变故迫使人们采取行动，并意识到在接下来二十多年一直朝九晚五做同样的工作并不是唯一的选择。（雷切尔）

在这些较为少见的案例中，受访者挑出了一个令他们对自己的现实状况感到不安的关键人生事件，那件事激发了他们看待世界的新视角。死亡的景象和念头就像电击一样，促使他们反思自己的价值观和优先事项。然而，在我遇到的人中，很少有人能够指出某一关键的特定事件。更常见的是，断点是更持续地侵扰自身的不快或焦虑累积的结果。在这种情况下，我们观察到的并不是突然的顿悟，而是在欲望与现实之间的鸿沟中孕育的对工作世界的逐渐幻灭。借用受访者布鲁斯的一个说法，我们目睹了一种"不-安"（dis-ease）的感觉，这种感觉在个人愿望、道德理想和自我认知与令人不满的生活现实之间的距离中滋生。

如果我们想理解人们抵制工作的原因，似乎需要更加深入。这就是我将在本章剩余部分尝试做的事情。我所呈现的当然是经过简化的现实。同样，可以理解的是，许多参与者不认为有一个压倒性的原因或时刻使他们决定抵制工作，甚至对这样的看法感到愤怒。也许称其为"决定"在某种程度上是具有误导性的——它可能更像一种不断累积的感觉，或是一长串事件的结果。对于那些因身体不适而无法工作的参与者来说，抵制工作很难被称为"决定"，而更像是一种必然或自我保护的行为。我对人们抵制工作的因素的讨论，也只能涉及那些人们对自己的行为动机尚能做出解释的情况。考虑到这一点，我将研究通往抵制工作的三条常见"路线"：垃圾工作、迷你乌托邦和搞坏的身体。

垃圾工作

在我的调查进行到一半时，我遇到了拉里，他的联系方式是由一个朋友（也是拉里的前同事）提供的。拉里拒绝当面聊，所以我们通过电话谈论了他的经历。拉里是一名五十多岁的资深社工，他说自己长期承受工作压力。他已经通过谈判将自己的工作日减少了一小时（从通常的八小时减少到七小时），并相信这一改变将使自己更有"可能感觉还像个人样"。多给自己一个小时意味着他可以避开上下班的高峰，也可以更好地放松一下："晚上我不那么累了，有稍微多一些的时间做我想做的事情。"在采访过程中，拉里重点讲述了他作为社会工作者多年来目睹的变化。他似乎怀念以前的时光，那时他可以从头到尾独立负责一个社会工作案例。他重视这种工作模式，因为他认为这种工作模式使他能够了解案主的需求，并为他们的福祉做出切实的贡献。拉里拿这种模式与现代社会工作的"官僚制机器"进行了对比：

> 如今与案主的接触非常少。我们遵循既定的评估和规划流程，因此已经有一个复杂的评估计划。基本上就是需要填写大量表格、完成数不胜数的文书工作，而且这些可能是关于你连面都没见过的人。这要么很无聊，要么压力很大。你一直在试图完成所有这些行政任务，但你永远没法跟上。有如此多的记录，而且你必须将不同的事情告诉不同的人：财务和表格、身份证明、授权、合同，然后再填写表格以表明你已经完成了所有这些表格。

我问拉里是否能从他的工作中获得满足感。他说："没有任何满足感。我曾经热爱我的工作，但现在我真的一点也不喜欢它。"最令人担忧的是，这些年的劳动过程发生了变化，因而每个社工不再管理少量的整桩个案，而是会领到一系列涉及更多个案但工作范围更窄、更常规性的任务。拉里相信，正是由于这些变化，他不再能够为案主做出什么是最佳行动方案的判断——他从多年的服务中获得的智慧变得多余，"你的经验不如你的打字速度有价值"。他的工作日常已经变成在不耐烦和怨恨的状态下艰难完成行政任务，尽管他清楚地意识到办公桌上的文件事实上与"有相当紧迫的情感需求或危机"的人相关。作为一个认真尽责的人，拉里不安地发现自己变得越来越急躁，从前的他对案主抱有极大的耐心，但如今却总是很暴躁。他说，很大程度上是因为那些经历让他与工作建立了一种纯粹工具性的关系，其中没有任何热情，只有出于生存的必需。（在我们的采访之后，我得知拉里已经完全不工作了。）他想知道自己有一天能否通过正式工作之外的渠道重新发现社工对他的吸引力："如果我不需要收入，我会只做志愿工作，也许参与一些做学习障碍或者其他志愿工作如成人扫盲的志愿机构，甚至加入环保工作小组。"我不确定拉里是否这样做了。

拉里的叙述涉及第二章中探讨的工作批判传统中一系列广泛且来源已久的主题。他对不断强化的官僚制及其强调

"目标和宗旨"与"任务说明"的世界感到绝望，认为标准化程序妨碍了他敏锐而出色地完成工作的能力。劳动过程的标准化和劳动分工的转变破坏了拉里的社工身份认同，他不再能从自己的工作中体验到一种道德主体性和骄傲感。他感到自己无法融入年轻同事，他们因为顺滑高效而更被肯定，即便他们其实缺乏经验。拉里的悲剧在于，他在几年里被迫目睹这些变化逐渐发生。在他看来，这项原本应该发挥他个人的智慧和同理心的工作逐渐简化为一套行政程序，后者使得他无法触达案主的个人需求。这些经历在促使拉里产生离开工作的愿望中起到了突出的作用。

在我与一位名叫马修的参与者的谈话中，工作本身的负面体验也很突出。马修是另一位参与者露西的丈夫。他们是一对二十岁出头的年轻夫妇，研究过程中我多次与他们面谈，在他们位于南威尔士的家中喝茶聊天。每次我们见面，这对夫妇都会向我更新他们情况的变化，然后认真详细地讲述他们对未来的希望和恐惧。我一直很喜欢采访马修和露西。他们的叙述是自发的、令人惊喜的并且总是富有感情。有时感觉他们像是第一次阐述自己对工作的看法。

我们第一次见面时，这对夫妇刚刚搬到这里，因为马修要在该地区的大学学习哲学。由于他当时正在全日制学习，无需做任何关于工作的决定，所以我主要是来见露西的，但

第五章 断点

我会稍后再回到露西——我们采访时,她就没在工作,而且她也不打算在不久的将来寻找工作。这对夫妇的资金来源是马修的学生贷款,加上之前工作的少量积蓄。然而,到研究结束时,他们的情况已经发生了很大变化。马修在完成学业后也失业了,和露西一样。马修称自己有很强的自我导向感,并表示他很享受自己的失业生活:他与露西度过了美好的时光,为在线杂志撰写有关电子游戏的文章,参加了一个电影俱乐部,并为英国皇家鸟类保护学会做志愿者,还做了很多其他事情。但与此同时,他也非常担心两人的经济保障。我们最后一次见面时,两人正在领取住房福利,马修也开始申请求职者津贴。

马修在找工作,但只是偶尔,而且看起来基本上没什么热情。像我见过的所有人一样,他强烈渴望从事他认为有意义的工作。他在皇家鸟类保护协会的志愿工作已经接近这一理想,代表他的大学举办开放日时干过的几项一次性工作也是如此。马修很乐意推广这些组织,因为他"相信它们",但他通常对找到有意义的工作抱有较低期望。他的求职努力主要是表演性的。他填写工作申请表——通常是针对商业街的百货商店,是为了满足福利领取条件。但他希望雇主不会做出回应,尤其是在计算出最低工资的工作只能让他们夫妇的经济状况略有改善之后。索取福利就像一场游戏,马修确信他们最终会输。他不得不从事繁重琐碎或道德上可疑的工作的可能性沉重地压在他的心头：

> 销售我不关心的产品，为一些无趣的事情做贡献，或者在最坏的情况下，为一些不道德的事情做贡献——我不知道如何可能在每天做这些的同时不感到沮丧、焦虑或两者兼而有之……我非常担心错误的工作会对我造成伤害。

也许，他担心自己会遭遇与妻子露西同样的命运，露西曾在一家廉价商店工作。露西说：

> 我不知道我还能不能再买坐垫，因为我那时的工作就是：把坐垫塞到一个并不合适的地方。这就像［我的经理们的］生活。他们总是"哦，垫子必须朝那个方向摆三个，那个方向三个，还有那个方向三个"……这简直让我发疯。

马修对从事他认为有意义的工作的愿望强烈，这在他充分承认他们夫妇的经济困难时，体现得最为明显。很能说明问题的是，尽管这对夫妇只能勉强支付房租，而且经常只能吃得很简单，每天只买他们买得起的食物，但马修仍然没有感到有必要去积极地找工作。[3]

当我们在采访中试图探究马修的态度时，他不断地想起自己之前在当地一家杂志社担任行政助理的经历——为了获得工作经验，他在几个月里没有报酬地做这份工作。他讨厌这个角色。在我们见面的过程中，我认为马修是一个非常友善的人。他友好、热情，看起来对露西很关心，但他承认自己在工作中很难表现出类似的品质，尤其是当他觉得自己的任务毫无意义时：

> 就像你的个性也是他们评价你的要素之一，他们好像期望你像从墙上跳下来一样活力四射。当我在［杂志社］工作时，人们总体上都非常友善，但要保持轻松愉快却很不容易。我的工作内容很大一部分是打电话、与人交谈、向人们展示推销东西，所以这里面有某种魅力或者卡里斯玛的元素……在一个办公室环境里那样工作真的要求相当大的情感投入。

要知道，这时候马修害怕失去求职者津贴。我问他觉得最坏的情况可能是什么。他说是就业中心强迫他接受一份销售工作：

想一想,在一间办公室工作然后跟人说你好,感觉糟透了的时候被问候"你好吗?",不得不跟人打电话——如果你从事销售工作,你必须无比兴奋,"做你自己,要快乐!"你知道,很多时候我都感觉很糟,必须要做出这些行为真的让我害怕。

这里的抱怨让人强烈地想起第二章介绍的霍克希尔德的情绪劳动理论。马修解释了他如何艰难地唤起工作角色所需要的情绪表现。他必须要有"打了鸡血一般"的积极情绪,但却发现自己并无法调动起那样的能量。这让他筋疲力尽以至于感到"害怕",因为这威胁到了他的尊严和真实感。他的经历应该与拉里的经历放在一起比较。如果我们还记得的话,拉里对工作的主要抱怨是,他被迫以官僚制的冷漠距离执行需要道德敏感的任务。马修的担忧恰恰相反:他被哄骗以专业人士的热情精神执行简单的官僚体系的任务。

在我们的采访中,我注意到马修一再强调他的社交天性。他说他最喜欢的活动之一是"与人交谈",这让我想起杰克,他说他最喜欢的活动之一是"闲聊"。这一点后来在布鲁斯的采访中也有回响,布鲁斯说他喜欢"和人交往"。考虑到他们的社交能力,这些人表示他们在工作的地方感到不愿说话和压抑,似乎是令人费解的。毕竟,工作常常被视为社交的重要来源（回想一下，社会交往是雅霍达及其追随者在剥夺模型中所确定的工作能提供的"关键心理功能"之一）。然而我们可以注意到，我遇到的人普遍不在意工作能提供的社会联系。按照我的理解，他们所热爱的交谈，更像是朋友间的交心或闲聊，在这种情况下人们能够完全自愿地分享他们的观点，坦白自己，并因为这种体验而变得更丰富。（要么是这样的谈话，要么是有意思的嬉闹和调侃，或者像马修所说的那样"随意吐槽"。）他们所珍视的互动，是人们将对方视作另一颗心灵来靠近，而非"视为一种有用的工具，或者自己个人计划中的阻碍"（Nussbaum，2010：6）。对谈话的热爱是对一种温柔的渴望，这种温柔只有当人们接受了"没有目的的关系"的可能性时才会实现（Adorno，2005：41）。虽然我遇到的一些不工作者确实承认自己有与社会隔绝的感受，但值得注意的是，没有人说他们怀念以前工作的社交环境。安妮将前同事描述为"背后捅刀子的混蛋"，雷切尔则描述了工作中的欺凌行为。露西说，五点后她宁愿回家和丈夫待在一起，而不愿和同事喝酒。不工作可能让人感到孤立，但工作并不一定是温柔、真实的人际交往的源泉。

在我们已经看到的案例中（我还可以选取更多），人们与工作建立了一种纯粹工具性的关系。在他们的负面经历之后，拉里和马修决定，只在经济上必需的情况下接受和容忍有偿工作。于是拉里减少了工作时间，而马修则尽可能避免工作。对于其他人来说，工作的负面体验导致的是职业生涯的剧烈转变。在亚当和萨曼莎的例子中，要求高度投入的职业被低投入的兼职工作所取代，这让他们能够在空闲时间去满足对生产性活动的渴望。亚当是一个很有活力的二十多岁的年轻人，他辞掉了在伦敦当程序员的高薪工作，来到东京担任兼职英语教师。由于亚当的本科专业是编程，因此从事编程似乎是"显然要做的事情"，但事情并没有朝预期方向发展："我慢慢地感觉到——也许是从第一周开始，有些事情就非常不对劲。"亚当在大学里曾经非常喜欢编程，甚至在空闲时间自己开展了一些编程项目。然而这种热情被他的工作浇灭了。当老板向亚当施压，要求他使用他认为不合适的软件包时，他感到丧气。他还被工作日的工作时长压垮，在 ddl 前夕，每天工作时间可能长达十六个小时。他还因为发现自己有权享受的假期如此之少而感到愤怒：他只有十二天年假。这不是他为自己想象的生活。他认为自己是一名有技术的工作者，却并不感到自己的努力得到了认可。亚当描述说，老板们把他视为一个数字，而不是一个人：

> 不存在"你是一个人，非常感谢你让我的公司保持运转"这种情况，而只有"在你该来的时候来，完成这

个长长的清单上的工作，如果你没干好我们会对你提出控诉"。而且——哦，这是另一回事！他们把每个人都叫作"资源"！我简直不敢相信！"是的，我们这个项目需要更多资源"，我就在想，你说的资源是什么意思？哦，你是说人啊！

大学时候，亚当似乎很享受工作和休闲之间的连贯性，他会在业余时间做编程。然而工作中的不愉快让他越来越以一种区分工作和休闲领地的方式看待自己的生活，"有一个工作的我和家里的我"。由于对这种情况不满，亚当做出了辞职的重大决定，并飞去日本教英语。我们说话时，他显得激动不已：

> 我的工作就是顶着外国人的长相，跟大家说"英语是令人兴奋的！"人们向我走来，我可以用英文对他们解释事情，然后他们说"谢谢你，现在我懂了"……当我开始做这份工作之后，我就像"哇，你终于可以过得开心了"，所以我现在无法再回去做以前的工作了。

亚当的兼职作息意味着他可以用自由职业的方式做编程。他说这让他感到更开心，因为能够从事自己感兴趣的项目，并且能更好地把控自己的工作节奏和方法。

和亚当一样，三十岁出头的博士萨曼莎对工作的抵抗也是突然改变自己的工作轨迹。她在伦敦担任专利律师之前获得了遗传学博士学位。她也曾尽最大的努力寻找能够运用她在获得学位过程中磨炼的技能和兴趣的工作岗位，并最终选择在生物技术的专利领域工作，相信她的遗传学背景能在这份工作里派上用场。然而，她很快就因为没有机会使用自己的专业知识而感到失望。萨曼莎对这份工作让她"参与现实世界"的范围之有限感到气馁。与我遇到的许多在商店、办公室和仓库从事相当日常的工作者相比，萨曼莎的工作地位和技能水平都要高得多，但她似乎仍然感到相当无聊。虽然这份工作是有难度的，但它仍然感觉像是一场"大型游戏"："我觉得我只是每天做高难度的数独谜题来谋生……就跟数独一样，它只是一种智力练习。唯一的最终目标是金钱。"萨曼莎的例子表明，即使一份工作对技术要求很高并需要专业技能，它也不一定会被体验为有意义的。

萨曼莎将她的博士学位描述为一种枷锁，而不是通向有趣工作的路径，因为博士学位在无形中要求她获得一个与之相称的辉煌的职业生涯。她回忆道，她感觉自己的生活已经走进了"死胡同"，现实地说，她不应该再期待任何重大或令人兴奋的变化。她逐渐接受的事实是，她对要求高度投入

第五章 断点

的工作没那么感兴趣。起初她的反应有些极端,直接放弃了工作,但事实证明这不太行得通:"我一直以为我想要的就是什么也不做。我无法想象还有什么比完全自由更美妙的事,但我实际上发现这非常困难。"最终,她找到了一份兼职服务员的工作,同时还担任自由私人家教。萨曼莎充满喜爱之情地描述这些工作,说她"遇到了好人,进行了愉快的交谈",但在采访进行的时候,她还不知道未来会怎么样。她在考虑培训成为一名心理治疗师。对她来说,重要的是有目的地生活:"我正在打造自己的生活。"

我们可以从这些关于断点的叙述中得出一个关键点,无论人们是减少了工作时间还是完全放弃了工作,他们这样做并不是出于某种粗暴的反工作道德观,而是出于想要做更多事情的强烈愿望。人们讲述的有关工作的故事表明,意义和自主性的缺乏会助长反抗的渴望。像雇佣工作这样的功能性社会角色永远不可能与被迫身处其中的复杂、立体的人等同,因而总有一部分自我会溢出社会角色并希望挣脱出来。我采访过的这些人从事全职工作时,工作的角色总是让他们的某些欲望无法满足、某些抱负无法实现、某些技能无法派上用场,自我的重要部分无法得到表达和认可。我想起马修的说法,他在过往的工作角色中感觉自己就像"在水桶下燃放的烟花"。就大部分工作而言,我很怀疑它们能否让这些人愿意每天干八小时、每周干五天。

迷你乌托邦

要让人们达到断点并开始积极地与异化做斗争，首先需要的也许是对自主自决的一次体验。只有体验过吸引人而富有意义的活动的某种理想模式，一个人才会开始真正感受到异化的痛苦，因为这种异化剥夺了他继续体验上述理想模式的机会。这也是为什么马克思会对1850年代和1860年代的一群多任务或多工种的熟练工人感兴趣。由于这些工人有幸尝到过真正的、非异化的工作的滋味，马克思相信他们会准备好去争取更多的自主权（Gorz, 1982：27-28）。他们的断点来源于工作本身的领地，然而，从我遇到的工作故事可以明显看出，在现代工作形式里很少有机会让工作者获得按照他自己对效率、审美和价值的观点进行的真正的、自主的活动体验，因此，对抗异化的灵感必须来自工作场所之外的其他方面的经验。让我们再来看一下马修。在我们后来的一次采访中，马修尤其津津有味地描述了一件人生大事——一次大学旅行：

> 我们去了韦农修道院（Weynon Priory），一座又大又庄严的华美住所。哲学系的人去了，纽伯勒的哲学系

也去了，我们都去了那里。在这座又大又庄严的房子，我们都住在房间里，醒来后一起吃早餐——这是我以前从未经历过的事情。你知道，很多有趣的人就坐在你身旁，比如一些讲师，他们就和学生们坐在一起，好像我们都是平等的。我和一位真的很著名的哲学教授聊天，我们谈论锅贴面和方便食品，他说到你可以用杯子做出多么美味的粥！这听起来很奇怪，但其实就是与人一起吃饭和聊哲学，甚至只是随意的废话。白天要么是听讲座，要么就是人们谈论各种事情——哲学问题、国民医疗服务体系、伦理学、尼采，等等，然后会有茶歇和咖啡时间，这时候就可以随意聊天。还有一个图书馆，你可以坐下休息。我们很幸运，去那里的时候天气晴朗，因为有一天我们要去山谷里散步，聊希望、梦想、政治等一切。我们回来后会一起吃饭——和来自不同社会阶层的人一起吃饭。晚上我们读一些诗，然后去酒吧，每个人都喝醉了，玩得很开心，玩图版游戏，解谜。到处走走，然后踢足球，然后进行非常深入的对话，真的太棒了。这次经历彻底改变了我。你了解到了生活还能是怎么样的。

他非常愉快地描述他的大学之旅，后来提到时还称这段

经历是他的"迷你乌托邦"。他提到许多令人向往的元素,但这里最突出的似乎是多样性或多种活动的元素:既使用身体也使用思想,讨论知识性话题和平常的事物,从室内到室外,常规的与非常规的,严肃的和玩笑的。他的叙述让我想起了马克思最为著名的文献之一,即在一个假定的未来里,有可能"随自己的兴趣今天干这事,明天干那事,上午打猎,下午捕鱼,傍晚从事畜牧,晚饭后从事批判",等等(Marx,1970:54)。马修反复讲述这次旅行的细节,也许是为了强调这作为一个关键事件,对他拒绝工作的心态产生的影响。这次旅行带来的兴奋和丰富性,与他狭隘的雇佣工作经历形成了鲜明的对比,雇佣工作使得他不得不局限于精进一种基本的才能或能力,而排除了所有其他可能性。我们可以将马修的经历与埃莉诺的下述故事进行比较:

> 我在一家名为"齐苏行动"的慈善机构进行了为期一周的环境研究课程。我们去了法国。该课程基本上是石工和大公司资助的,但都是带18到24岁的人去某个地方了解当地环境。你必须做的事情之一是在周末准备一个十分钟的演讲,内容是让你激情澎湃的事,这些事情很大程度上也是关于生活在一个社区中,一起吃饭,一起做成事。

第五章 断点

正如马修对大学旅行的描述一样,我们看到埃莉诺不言自明地将某些自由和积极的体验与她更异化的雇佣工作体验进行了对比。她强调的是追随独立的激情和合作精神(或"一起做成事")的自由。我们可以对比埃莉诺的异国经历和伯格及普尔伯格所说的"文化冲击"或"不同世界的冲突"的去物化力量,接触外国的价值观和习俗可能会瓦解一个人对理所当然的现实的认知(Berger and Pullberg, 1966)。在与异国的接触中,一个人的文化被揭示出它仅仅是自己的文化,还有其他可能且合理的生活方式。只要这些遭遇没有在个体心中引发仇外心理或恐慌从而使他更渴求熟悉的事物,它们就可能成为个人转变和社会转型的种子。当然,并不是每个人都有幸享受这样的体验,但自主性的感受并不一定要在异国情调或昂贵的静修中才能得到。我们可以看看菲恩的例子,她从更附近的经历中获得鼓舞。在谈到她对工作的看法时,菲恩惊讶地发现自己不由自主地想起圣诞节和家人一起做饭的事:

> 我就记起了从前——只是一件小事,但我回忆起时总有一种模糊的温暖。几年前,里斯的家人来这里过圣诞节,我们一起做饭——部分原因可能是当时我们有时间休息,有时间计划我们要做什么——我们自己做了肉

馅饼，所有东西都一步一步制作，放着圣诞音乐，喝了几杯白兰地。你知道，大家在一起的感觉真的很好，而且又不那么匆忙。

菲恩很享受这个场合的悠闲：分步制作食物的快乐，事情"不那么匆忙"的快乐。这件事似乎深深地印在她的脑海里，它代表一种可能的替代方案，之于她通常更加忙碌的朝九晚五的生活方式。

就这些叙述而言，马修的"迷你乌托邦"的概括似乎十分恰当。受访者对这些从更世俗、更常规的日常生活中暂时脱身的体验赋予了相似的价值，就像学者们对美好社会的乌托邦愿景一样。E.P.汤普森写道，乌托邦思维的价值在于它教会我们"渴望更好的东西，渴望更多的东西，最重要的是，以不同的方式去渴望"（Thompson，1976：97）。与乌托邦式的不同生活选项相遇——无论是文学里虚构的乌托邦、学术界理论的乌托邦，还是那些现实的、短暂逃离世俗的经历——都为我们揭示了那些习以为常的日常生活中未被完全消除的欲望。乌托邦式的经历在人身上产生了一种疏离感，这种疏离感会"削弱当前社会秩序作为自然的产物、必要的发展方式和不可避免的未来的固有地位"（Weeks，2011：205）。它帮助人们意识到，面前的道路并不是用无法擦除的

第五章 断点

笔写就的。

在今天对就业前景感到幻灭的毕业生眼中，大学经历也许正是令人不安的"迷你乌托邦"。上班的成年人常常拒绝承认学生生活是"现实世界"的一部分，这也许是有充分理由的。学生有机会追随自己的兴趣、按照自己的日程安排工作、将工作与娱乐结合起来，这些在大学之外都很少能享受到。鉴于资本主义的劳动分工和许多现代工作形式的异化性质，那些在教育中获得过对创造力和不同之物的体验的人可能极少有机会将其带入以后的生活中。正如布鲁斯疲倦地告诉我的那样："大学毕业后没有人再有兴趣谈论对某件事情的想法。"在大学教育中，像亚当、萨曼莎和马修这样的人获得了期待和想象，希望作为自主的工作者从事有意义且有挑战的工作，同时仍保有大量的闲散时间。而当他们毕业进入职场时，这些期望逐一落空。借用罗伯特·莫顿的说法，我们可以说，高等教育某种程度上导致了人们对工作大失所望，因为大学教育增强了每个人在文化意义上的"志向参考框架"（Merton，1938）。在断点的那一刻，他们放弃了落空的期待，并将自己的追求重新聚焦于职业之外的领域。正如马修谈到他的大学旅行时所说："你了解到了生活还可以是怎么样的。"马修在那次旅行中过得是如此开心，以至于想到常规工作就让他感觉身处囹圄。

搞坏的身体

到目前为止,我们的讨论似乎都暗示这条结论:我遇到的人是主动决定抵制工作的。然而,对于一些人来说,抵制工作似乎更接近一种必需,或者说是一种自我保护的行为。人们做出选择时几近脱力,并非充满活力的勇敢决定。摆脱雇佣工作的要求和繁重日常对他们的个人健康至关重要——我们可以将他们对工作的拒绝部分地解释为拒绝为就业牺牲身体。马克思这段颇具感染力的段落也许能提醒人们想起这些牺牲:

> 在对剩余劳动力的狼性饥渴当中,资本不仅超越了道德上的界限,甚至超越了工作日在物质上的最大界限。它侵占了身体生长、发育和维持健康需要的时间。它窃取了消耗新鲜空气和阳光所需的时间。它在用餐时间上讨价还价,并尽可能地将其与生产过程本身结合起来,这样,食物就只是作为生产资料提供给劳动者,就像煤炭被供应给锅炉,油脂和石油被供应给机器一样。它将用于恢复体力和修复身体的睡眠时间压缩到只有几个小时的萎靡状态,即使这对于一个已经精疲力竭的存在来说至关重要。决定工作日的边界和休息时间的限度

的,不是劳动力得以正常维持自身的需要,而是其每天可能实现的最大消耗,无论其中有多少病态、强迫和痛苦。(Marx, 1906)

虽然自马克思的时代以来,工作环境可能普遍更清洁也更安全,但他对于资本无视人体局限性的担忧现在也仍具现实意义。英国卫生与安全执行局(UK Health and Safety Executive)称,在2013/14财年,估计有120万人患有他们认为是由当前或之前的工作引起或加剧的疾病。大约39%记录在案的病例属于压力、抑郁或焦虑(HSE, 2014)。社会评论员特蕾莎·布伦南认为,现代世界的生产性和竞争性需求正在压倒身体的自我调节能力,迫使我们以来不及恢复的速度使用自身能量:"不受管制的身体失去足够的睡眠、休息和适当的食物——只能通过服用处方药来抑制慢性疾病和不断升级的过敏症。"(Brennan, 2003: 22)人们总是在明知应该停止的时候继续前进,为了保持生产力和生存,他们被无数需要预先考虑和做出反应的变量压垮了。[4]我在这项研究中遇到的许多人都是如此,他们患有各种症状——从压力、焦虑到疲劳——并坚定表示自己需要收回对身体的掌控权,比如让生活放慢一些,保证充足的睡眠,多参加户外活动,准备一顿好饭菜,抛却压力享受闲暇时间。

我遇到的大多数人都在讨论他们的断点时提到了他们的个人健康，但布鲁斯提供了最令人心酸的例证。当我们见面时，布鲁斯已经完全放弃了工作，并且无法想象自己的健康状况能够支持他在不久的将来重新工作。布鲁斯此前曾在疗养院做精神健康患者的支持人员，但辞职后，他通过领取就业支持津贴——一种残疾人福利维持生活。他描述了他的身体"崩溃"的一天：

> 我就真的是崩溃了。我是这么认为的，我体内的一个开关突然松掉了，然后我就崩溃了。几乎是一夜之间，我开始感到所有这些疼痛、痉挛和抽搐。我无法入睡。我开始出现关节疼痛、身体发炎、肠道问题、视力问题和听力问题。

布鲁斯相当哲学地看待自己的症状。他大概讲述了自己的观点，即疾病是有意义的，必须去解读疾病的意义，而不是通过忍耐、否认或医学治疗来压抑疾病。布鲁斯认为他的身体正在"释放信息"：

> 这就像我的整个身体在对我说"够了"。我的身体——在我现在看来，以我理解疾病的方式——通过对

我大喊大叫的方式来表达善意的警告。我以前没有听，所以它开始大喊"你真的需要休息一段时间，重新看待生活和与自己相处的方式"。

根据布鲁斯的世界观，疼痛的症状可以作为一个有价值的提醒，提醒人们需要切实做出生活方式的改变。在一个道德上如此强调积极工作、成为一个经济上活跃的公民的社会中，也许对身心困扰更常规的反应是忽视或抑制出现的症状，而不是将其解释为社会和环境不和谐的信号。然而布鲁斯没有再逼迫自己，他辞去工作并选择了自我照料的策略。

当布鲁斯描述他照料自己的习惯时，我想起了高兹对"卫生"的定义，这对高兹来说远不止普通的整理和清洁仪式，而是意味着个人更彻底地尝试了解自己的身体需求并改善身心健康。他将卫生比作"生活的艺术"，指代"人们为了维持或恢复健康而自行遵守的一套全面的规则"（Gorz, 1980：151）。在布鲁斯的例子中，自我照料意味着许多具体的事项，从伸展、锻炼到优先营养摄入，以及每天留出时间休息和思考。对其他人来说，自我照料可能就需要一套完全不同的做法。这并不一定意味着制定严格的、医学认可的生活规则，而是也可能强调无组织的放松时间、活在当下、见朋友、不负责任，甚至包括做那些通常被认为不健康的事。重要的是，每个人都可以自主和自由地决定哪些习惯、做法、情况和环境可以让他活得更好——这是一个自我发现的过程，需要一定程度的不考虑经济需求的自由。

布鲁斯非常不屑地回忆起以前与一位精神科医生的会面，因为精神科医生建议布鲁斯用抑制症状的药物而不是自我照料来控制他的疾病。这与布鲁斯将他的病痛视为更广泛的社会和环境问题的理解相互冲突：

> 之前一位精神科医生告诉我，如果我是一名学生，我可能不需要药物就能渡过难关，因为学生的生活是灵活的，而且可以请假。但是，用她的话来说，当你进入劳动力市场并受雇于人时，你就必须靠药物来坚持下去了。

像我遇到的几个人一样，布鲁斯反对只是为了继续工作而抑制和忽视疾病。布鲁斯和其他人一样，拒绝去适应他们认为没有满足自己需求的环境和状况，并且抵制工作以获取时间来关注他们的身体需要。例如，安妮说她决定成为一名自由职业者并安排灵活的工作日程，部分原因是为了控制她的疲劳和食物过敏（以及有更多时间来照顾她生病的父亲）。在露西的例子中，放弃工作是试图过上更平静、更少焦虑的生活。杰拉尔德则是为了缓解婚姻中的愤怒和紧张而提前退休。

然而,我们可以注意到,自我照料不仅仅意味着确保培养健康习惯的时间。特别是对布鲁斯来说,这还意味着拒绝将他的负面经历医学化,这种医学化通常是免除工作义务的必要条件。高兹写道:

> 为了被社会接受,呼救必须采取器质性紊乱的形式——必须是外源性且与患者的意愿无关的。如果你说"我无法继续下去,我失眠、食欲不振、对性失去兴趣;我无法继续下去,我已经没有精力做任何事情了。给我一个星期的休息时间"一类的话,你不会有任何机会让老板或主管听你的。为了被接受,你的"我无法继续"必须采取身体出问题的形式,某种超出你控制范围的控告方式——简而言之,以一种能获得医学豁免的疾病的名义。(Gorz, 1980: 174)

一个人不工作的决定,如果要被视为合理,通常需要得到医疗机构的批准,医疗机构会为健康意见贴上标签并制订康复计划。[5] 采用生物医学标签来获得工作豁免的压力给布鲁斯、露西和艾玛这样的人带来了显著的难题——他们感觉自己病得很重且无法工作,但不一定认为自己患有生物医学意义上的疾病。多年来,布鲁斯被贴上过各种医疗标签。当我问他都有哪些医疗标签时,这次采访看起来不小心踏入了一个敏感领域:

> 我有很长的病史,他们专业人士管这叫作[布鲁斯慢慢地回想]S.E.,嗯,是什么来着?应该是叫S.E.M.H.P(Severe and Enduring Mental Health Problems):严重且持久的精神障碍健康问题。双相情感障碍,伴有相关的重度抑郁,以及相应的焦虑症——所以你看,这就已经有了三个标签。

布鲁斯感到这些标签会把人异化。它们与他的信念冲突,他认为自己经历的并非精神障碍,而是一场由个人经历和环境因素的复杂混合物引发的"危机"。他还反对医生给他贴的标签的永久意味,这与他通过自我照料的自主习惯来改善健康的目标相冲突。他说,这些标签"就像在说'你患有这种精神疾病,而且你将终生患有这种疾病'"。我们可以比较布鲁斯和露西的观点。露西描述了一些与广场恐惧症相关的症状(焦虑感、在繁忙的地方感到很难应对,等等),但不愿意称自己为"残疾人"。

当这些人开始缺钱的时候，抵制医疗标签的愿望给他们带来了一个重大问题。他们被迫申请残疾福利的索赔，在英国，潜在索赔人需要接受"工作能力评估"，医生会进行一系列测试评估索赔的正当性。布鲁斯的努力发生在前述2012—2013年也就是ATOS丑闻期间，当时对患病范畴的划定正在颇具争议性地收紧，索赔人可能是"假装患病"的想法在公众的想象中很突出。总体而言，近年来的福利政策扩大了可被视作正常工作生活一部分的疾病和损伤的定义，并缩小了允许获得残疾津贴的索赔清单。布鲁斯在第一次接受工作能力评估后被拒绝了福利申请人的资格，这并不完全令人惊讶——他说这次经历让他"彻底垮了"。他开始有自杀倾向，并且无法离开家。布鲁斯联系了公民咨询局，他们建议他（正如他们当时向许多人提出的建议一样）将工作能力评估当成一场游戏。布鲁斯安排了重新评估，这一次他"做出了明智的选择"：他和自己达成了协议，为了确保自我照料的时间和金钱，他要突出讲述他的医疗标签，但也尽力避免把自己是病态的这个想法内在化。布鲁斯的第二次索赔尝试取得了成功，他将公民咨询局称为"大救星"。露西也成功申请了就业支持津贴，根据协议，她是医学上公认的"广场恐惧症"患者。比起布鲁斯，露西更愿意接受医学专家可能帮助她改善病情的想法，但对就业中心指派给她的残疾官员有很大的意见:"他们说'我们需要帮助你找到工作',但他们从未说过'我们需要真正帮助你'"。

我们可以将自我照料、对工作的抵制以及对医疗标签的抵制理解为塑造一种生活方式:在其中,患病者会感到自豪和正常,而不是羞耻、无能为力、不符合健康的标准。如果像布鲁斯这样的人即使在申请就业支持津贴的情况下仍在试图积极地享受闲暇时间,那是因为人们往往愿意为了做他们喜欢的事情而忍受痛苦,而不是为了工作忍受痛苦:

> 人们总是会说——例如,我今天来到这里见你(采访者),坐了火车——这种情况下有些人就会说"啊,好吧,如果你能做到这个的话,那你也能工作"。但事情没那么简单[深深叹气]。福利制度里没有给中间地带留下空间,是的,没有中间地带。

总而言之,这些例子告诉我们,抵制工作并不总是一种自愿的选择,而往往是一种自我保护行为。我遇到的一些人认为,摆脱工作中的日常习惯和压力对他们的健康至关重要。他们的例子也许能让人们对这种牺牲保持敏感,即在明知应该停下来却被迫继续前进时,我们所有人都做出的牺牲。

一种有价值的伦理

我在本章的主要目标是探索能够塑造和促成"断点"的经历：断点，即工作不再被理所当然地认为是不可避免的命运，并接受批判性审视的时刻。我们看到突然的冲击事件和不愉快的工作经历如何促使人们重新考虑他们的优先事项。我们看到，暂时摆脱日常生活的束缚所体验到的自由滋味让全职工作变得难以忍受。我们还看到人们怎样为了保护自己的健康而开始抵制工作。这里分析的个人叙事中最值得注意的一点也许是，它们让我们超越那种陈旧保守的刻板印象，即抗拒工作的人都是懒汉和废柴。我在研究过程中发现的是一种出于伦理的对全职工作的反叛，来自一系列普通人。

最普遍地说，我们可以说他们拒绝了工作伦理，并用戴维·坎农所谓的"有价值的伦理"（Cannon, 1994）取而代之。人们被真正的效用感驱动：渴望创造、帮助他人并避免道德上可疑的工作。他们对成功的定义不是物质财富或社会地位，而是发展个人能力的机会。他们不愿为了赚更多的钱而忍受身体和精神上的重大妥协。他们要求在工作中拥有道德自主、挑战感和满足感，但因为这些要求不太可能在正式的雇佣工作领域得到满足，因此他们将抱负重新集中在其他地方。他们减少工作时间，放弃日常工作，从事自由职业，或者选择低投入的兼职工作，目的是筹集资金并最大限度地利用自由时间。有些人利用时间照顾年迈的父母或与孩子玩耍。那些健康状况不佳的人利用这段时间更好地照顾自己。许多人参加了政治抗议活动、为慈善机构做志愿者。雇佣工作是为更广大社群做出贡献的至高无上的方式，所有人都对这一观点表示犹豫。我在这里提出的只是尝试性的第一步，旨在挑战这样一种观念：没有工作的生活必然是一种空虚的、道德上丧失方向的生活。我的建议是不将对工作持异议者的观点视为古怪或不道德，而是对它们进一步研究和认真对待，将其视为滋养反工作政治的潜在源泉。

我所遇到的受访对象对工作都持有高度批评的态度，但这并不是说他们已经成功摆脱了工作的束缚。断点标志着人们开始更清晰地反思认知能力的本质和他们的自我指导能力，但它本身并不构成通往自由的逃离。正如我在前几章中探讨过的，有一系列强大的道德和物质束缚，这些束缚继续制约着抵制工作的愿望，阻止其转化为真正的社会变革。抵制工作也会带来巨大的风险，从经济困难到社会谴责，不一而足。在下一章以及随后一章中，我将探讨人们在应对这些限制时所经历的一些困难以及——更令人惊讶的是——一些乐趣。

第六章
不一样的乐趣

> 正常的意思是：穿着你为了上班而购买的衣服、开着你仍在为之还贷的汽车堵在路上，以便找到一份工作，可以负担得起这些衣服、汽车和房屋，而这房屋因为你要上班所以成天都空着。
>
> ——埃伦·古德曼[1]

我的研究进行到一半时，我认识了艾伦，一位三十多岁的男性。艾伦的故事与我遇到的其他人的故事有很多共同点。我们讨论了他在以前担任办公室管理员的工作中的挫败感，以及他强烈希望被他职业以外的其他品质所定义的愿望。他告诉我，他总是发现工作太容易了，工作对他来说不过是一份收入来源。采访期间，艾伦没有从事任何雇佣工作，并且他解释说他以前的任何工作都是以一种纯工具性的方式进行的：他会找一些低级的办公室工作，直到攒够钱可以悠闲地生活一段时间，然后他就会突然辞职并享受自由时间。当他的钱用完了,他又回去工作,以便"给下一次冒险攒钱"[2]。也就是说,雇主一直都在艾伦的计划中,但艾伦不在雇主的计划中。

在我整个研究的背景下,艾伦这种对工作的工具性态度很普遍,但是与我们这里的讨论更相关的是艾伦的特别之处,即他拒绝承认抵制工作有任何潜在的缺点。我遇到的大多数人都愿意谈论他们遇到的困难,但我偶尔感到艾伦是在卖力兜售自己选择的生活方式。我试图让他说出他生活中任何不太理想的方面的努力都徒劳无功。他不屈不挠的乐观情绪来自这样一种观点,即抵抗工作在很大程度上是出于想象力和个人意志的行为:是一项认知能力而非实际行动方面的挑战。艾伦特别不认同如下观点,即一个人的反叛程度可能会受到其阶级地位的限制,并不屑一顾地谈到"那些说阶级问题仍然存在啊之类的人"。当艾伦坚持认为"社会里的每个人都是平等的",而害怕失业的人则是"性格软弱"的"可悲个体"时,我作为采访者也颇难保持镇静。

如果说我一开始是惊讶于艾伦的观点,后来我则恍然发现这些观点与许多流行的反资本主义说辞的相似之处。在其最不具有挑战性的形式中,这类文本通过呼吁个人改变思维模式和采用新的行为方式来提倡幸福。它告诉人们(通常以道貌岸然的方式),如果他们选择减少工作和支出,他们就

第六章　不一样的乐趣

会更快乐。这里的问题在于，当对变革的呼吁主要针对个人的思想和习惯时，那些更广泛的限制我们做出改变的文化和结构性力量就会被忽视。人们抵抗现状失败往往被视为洗脑或道德松懈的结果，而紧接着就是作者 / 人生导师来向人们解释，说幸福在等待那些足够勇敢掀起现实面纱，减少工作和停止购物的人。[3]而没有得到强调的事实是，大多数人根本没有放慢生活速度的选项，因为这意味着他们将无法在经济意义上生存。当受访者马修和露西谈到他们在抵抗工作过程中非常真实的物质压力——像是付不起房租的持续恐惧，以及每个月底晚餐不得不吃的只有白米饭时——我暗自猜想他们会如何看待艾伦的理想主义观点，即抵抗工作可以简单地通过想象力和个人意志来实现。如果我们要正确地思考抵抗工作的可能性，我们显然需要考虑到减少工作面临的物质障碍。

由于工作仍然是人们在社会上获得收入的主要手段，我们可以预料到，抵抗工作会伴随一系列风险和损失。在最基本的层面上，任何想要减少工作时间的人都必须考虑是否仍然可以确保获得如食物、衣服、住所、电力、电话、互联网连接等物质的供应。在资本主义的高级阶段，由于更大范围的日常必需品和基本活动被商品化，损失收入所涉及的风险也因而更加宽泛。放眼望去，大量从前被排除在经济领域外的活动都被拉入消费范畴内,人们普遍地通过花钱来满足个人需求(从补充水分到自我表达到休闲)。在这样的背景下,社会理论家齐格蒙·鲍曼提出,经济贫困既具有物质面向,也具备文化维度。他描述了"新穷人"的概念,在富裕社会中,新穷人的苦难是双重的:他们不仅被剥夺了特定的物质需求,而且被排除在当今消费社会的正常文化生活之外。鲍曼认为,现在的正常生活的内涵是人们能够"对消费市场的诱惑迅速而有效地做出反应"(Bauman, 2005: 112)。因而,在这个以商品关系为中心的社会中,如果一个人的购买力是低下的,这就等同于他过一种社会规范所赞许的生活方式的能力低下。"新穷人"饱受折磨,并且被污名化为"失败的消费者":人们认为他们购买错误的东西、买得不够,或者不得不通过精打细算和自己动手的可耻方式来满足他们的需求。

贫困带来的困难,尤其是在富裕的消费社会当中,给个人抵制工作的程度施加了非常真实的限制。如果忽视这些物质现实,并坚持认为人们只需改变态度就可以抵制工作,只能算作一种平庸的乐观主义。但同样需要注意的是,市场对日常生活的包围绝不是一个密不透风的、无法被破坏的过程。尽管现代消费社会的生活成本巨大,并且这给人们带来了要追求稳定工作的巨大压力,但重要的是记得,人们还是有主观能动性——即使是有所妥协的能动性,能够参与和退出、拒绝和重塑他们所居住的社会世界中的种种惯例（Humphery，2010：133）。虽然认识到减少工作的物质限制是重要的，我们依然可以观察到，人们仍可能以非传统的方式、在交换关系范围之外满足自己的需求，以及依然有能力去形成自己对愉悦、美、富足、身心健康的理解，从而规避消费的压力（Bowring，2000b：315）。

在研究过程中，我很好奇的一件事是，人们对工作的抵抗是否剥夺了他们的某些特定乐趣。我想知道，从物质匮乏以及无疑会随着收入减少而产生的实际挑战来看，抵抗工作是否值得。当然，对这个问题的答案取决于收入具体损失了多少，以及是否有替代性的收入来源，例如配偶的收入、储蓄、兼职工作收入或失业福利。这也取决于一个人是否有孩子（这一变量会带来巨大的经济成本），或者是否有过着富裕生活方式的朋友（在这种情况下减少支出可能意味着朋友变少）。然而，让我印象深刻的是，即使是最贫穷的参与者，也不认为牺牲是他们抵抗工作的生活方式的主色调。

对谈进行到后半段时，萨曼莎（我们那位从律师转行的服务员）提到了这一问题，即是否有人会认为她的生活方式选择是清教徒式的。她个人拒绝这个想法：

> 对我来说，它是非常恣意的。我认为我获得了更

多，只不过是更多不同的东西。就像，当我和伦敦的朋友们聊天时，他们都疲惫不堪、工作很长时间，根本没有时间在电话上聊天，我就感觉，天呐，你知道，那样的日子才是自我仇恨和清教徒式的。

如果说萨曼莎曾有什么时候由于收入减少而感到被社会排斥，她同时也深信，要进入资本主义社会的工作-消费文化也是有巨大代价的。对她从前作为一名全职律师的旧生活，肯定有一两件事令她怀念，但是她所失去的没有她得到的时间和精力重要。我们可以将她的观点和埃莉诺的一个说法相比较，后者的话也指向社会融入的代价。埃莉诺将全职工作的生活方式描述得极为悲惨，是一种无休无止的牺牲和补偿的循环：

> 这就像是，我工作得越少，我就越意识到我不必这样做。仅仅是看看那些仍然为了支付荒谬的租金而上班的朋友们：周一到周五工作，然后周末出去玩，喝得烂醉如泥，再悲惨地上几天班，然后再恢复到足以等待下个周末的到来，一切仅仅是为了可以勉强再重复一遍。

埃莉诺的说法让人回想起阿多诺关于现代社会中的人如

何度过空闲时间的洞见:这是工作时段之间的真空。埃莉诺认为典型的富裕生活方式是可悲而非理性的,这种看法代表了我采访的人们的普遍情绪。我想提出的是,这种情绪与哲学家凯特·索珀所说的另类享乐主义是一致的(Soper,2007;2008;2008;2013)。

另类享乐主义描述了一种个人倾向,但同时也是一种社会批评的方法,即强调富裕消费社会中的主体并不是那么有满足感。西方消费主义依赖一套全球剥削体系并伤害环境,这一点越来越多地为各方所承认,但是不太经常讨论和呈现的是,这些社会问题如何反馈到人们的主观感受当中,使得人们对富裕生活方式祛魅。索珀认为,现在有普遍的迹象表明,富裕生活方式正在引起新的不快乐和不满,要么是由于它们所伴有的副作用,要么是因为它们经常妨碍另类的、更健全的享受形式:

> 说到底,现在我们所谓的美好生活正是压力和病痛的主要原因,这已经是广为人知的事实了。它使我们受到噪音和恶臭的严重影响,并产生大量的垃圾。它的工作日常和商业模式意味着,许多人一生中的大部分时间里,都会在交通拥堵或人满为患的火车和公共汽车上开始他们的一天,然后将其余的大部时间花在计算机

屏幕前，经常是在从事令头脑麻木的工作任务。它的生产活动的很大一部分是将时间绑定在创造一种致力于不断更新换代的物质文化当中，这预先剥夺了人们去做更有价值、更持久或更令人着迷的事以实现自我的机会。（Soper, 2013）

如果说消费资本主义经常被宣传为个人自由的象征——自由地拥有我们内心想要的一切（只要我们负担得起）——索珀则邀请我们去谈论富裕社会中充斥的各种不快乐和个人牺牲。有些人会强调现代社会的乐趣、富裕、表现力、洒脱，但索珀提醒我们其中同样明显的压力、污染、单调和社会隔离感。在她看来，消费主义意味着在许多意义上变得自我否定、垂死挣扎的社会和生活方式。[4]索珀认为，这些对富裕社会的不满体验，正是反消费主义伦理和政治应该着重指出的：为了获得最大的成功机会，反击的声音不仅要诉诸人们利他的同情心和环境忧虑，还要诉诸更能提供自我满足感的不同的消费方式（Soper, 2008：571）。面对其他同类作者，她呼吁的不是基于对人们"真正的"需求（而不是他们"认为"他们需要的东西）的更多了解而做更复杂的消费主义批判，而是更加贴近地去了解人们自己所说的现代消费主义的不愉快之处。乐观的情况下，这样的探索可能有助于滋养对社会变革的渴望,而正是从索珀的"另类享乐主义者"的议程出发,我打算探索会促使人们质疑商品密集型生活方式的种种挫败。与此同时我还将探索,人们开始减少工作和消费之后发现的一些新乐趣。

令人不安的乐趣

埃里奥·贝多利1971年的电影《工人阶级上天堂》中有这样一个场景:卢鲁·马萨,一位在工厂工作了十五年之久的工人,正在家里走来走去,盯着自己的财产。他看到一个水晶花瓶、一台收音机、一个充气玩具和一组名字叫作"魔法时刻"的蜡烛。就像许多人家中的杂物一样,这些平凡的物品早已消失在主人的视野中,不再被有意识地关注,但在这个特殊的时刻他全神贯注于这些属于自己的物品。他第一次真实地看到这些物品的面目:"垃圾"——他为这些垃圾付出了高昂的劳动时间。当卢鲁在客厅里走来走去时,他一件一件地审视这些物品。一张装饰桌:三十个小时的工作。一幅小丑的画:十个小时的工作。卢鲁似乎在问自己,"值这个价吗?"当他开始状似疯狂地踢衣柜里的这些垃圾时,我们知道了这个问题的答案。

对于工人卢鲁来说,财富带来的乐趣已经失去了光彩,他意识到自己的物质享受是以持续一生的疲惫而有辱人格的工作为代价的。从这个意义上说,卢鲁在物质上的奢侈代表了索珀所说的令人不安的快乐的一个例子:这种消费主义形式的快乐,只能以更为根本的不满足为代价才能体验到。如果冲动购物有其内在乐趣,那么这些乐趣已经让许多人感到不安,他们现在以多种不同的理由质疑现代消费主义的享乐一面——无论是由消费主义过多的选择带来的焦虑和自我苛责,还是对消费主义的环境成本的认识,或是对世界变得太过肤浅和混乱的担忧。在卢鲁的例子中,"不安"的出现是因为他意识到,商品消费的乐趣已经被一辈子投入异化工作所造成的无力、沮丧和亚健康压倒了。

这种困境在1990年代美国"慢活族"的心态里体现得尤为明显。朔尔对此点评道,"他们经历了一场变化,在其中时间和生活质量变得比金钱更加重要"(Schor, 1998:138)。人们总是要在时间和金钱之间做出权衡,虽然(像大多数人一样)慢活族也会希望有更多的时间和更多的金钱,但他们的价值观和经验促使他们改变生活方式,减少收入以增加自由时间。他们决定了不再仅仅因为要购买更多商品,就牺牲自己的时间去工作。

朔尔对慢活族心态的描述与我遇到的人的观点相当接近,对他们来说,物质的奢侈也变成一种令人不安的快乐。我们可以从迈克谈到购物时的心理活动看到这一点:"有时

第六章 不一样的乐趣

我看到一些东西,我会想'那不错',但这并不是说我没有它就无法活下去。它没有重要到我要为了拥有它而找一份我厌恶的工作去上班。"虽然迈克并没有放弃购物本身的乐趣,但购物的快乐无疑会因为他认识到其中的个人牺牲而抵消。参与者谢里尔最清楚地表达了这种时间和金钱之间的取舍感。谢里尔是一位四十多岁、活泼开朗的女人,也是我采访过的唯一一个以"慢活族"自居的人。她的个人网站对自己的描述是"简单生活的诚挚代言人",在发现她的网站后,我邀请她参加这项研究。当我们在她位于英格兰南部村庄的家中见面时,她详细地谈了她的信念,即时间比金钱更为重要:"有些东西你认为如果拥有它们会让你的生活变得更好,但如果你为了拥有它们,必须得把你所有时间花在出门赚钱上,那就没有意义了。"谢里尔反复区分了有"外在生活方式"和"内在专注"的人。外在的人是那些优先考虑金钱的人。他们的生活以获取物质为导向,根据他人拥有的东西来评估自己的财产,并持续处于一种"追赶邻居"的竞争中。相比之下,内向的人(或"慢活族")重视时间。他们不那么好胜,更重视人际关系,并花尽可能多的时间与朋友和家人在一起。

谢里尔对外在和内在的区分,再次让我想起埃里希·弗洛姆区分了两种参与世界的基本模式,即"拥有"和"存在"（Fromm，1979）。拥有或获得的欲望可以通过金钱来满足，而想要存在的欲望，或体验谢里尔所说的内在快乐的欲望，只能通过投入大量的时间和精力来满足。在现实世界语境中，这些分类——拥有／存在或内在／外在——是空洞的，因为很难想象一个人完全不被拥有的乐趣所激励，也很难想象一个人不顾一切只看重拥有。尽管如此，这些类别作为心理建构的概念仍然发挥着宝贵的作用，它们帮助人们在表达消费主义带来的令人不安的快乐时，能够理解摆在他们面前的选择。在谢里尔的例子中，她对"存在"或"内向"型人的身份认同给了她一种方向感和道德目标，以及一种巧妙的方式来传达她作为一个慢活族的道德观：鉴于她最看重内心或非物质的快乐，她应该选择将自己的自由时间最大化，而不是收入。

如果时间和金钱的确往往存在权衡关系，那么我采访的人正在选择优先考虑前者，减少收入以增加时间。然而，仔细考察他们的说法就会发现，他们也在质疑富裕生活方式本身的乐趣。购物的乐趣是令人不安的，不仅仅是因为这些乐趣依赖工作收入，还因为人们认为这样的乐趣有一系列内在的缺点。

对现代富裕最显著的不满之一，是人们日益意识到消费主义在多大程度上依赖对人和环境的剥削。这对埃莉诺来说尤其困扰，她谈到自己去超市的经历：

> 就算是刚走进超市，你也会发现自己变得封闭起来并且非常生气。你走进这座巨大的建筑，这里消耗了如此之多的能源——比如开放式冰箱——而每个人都在这个悲惨的、过度包装的、令人麻木的世界里。这让我感觉真他妈的低落。

埃莉诺等一些人表示，他们正在避开特定的零售商，因为这些零售商被发现使用血汗工厂的劳动力或者对环境造成危害。尽管廉价服装店Primark的价格很有吸引力，但菲恩已经不再去那里购物了。露西说，她以前很喜欢吃麦当劳，但在了解了更多有关工厂化农业的知识后，就不再买麦当劳了。在前引埃莉诺的评论中，超市固然因为高能耗而受到指责，但最终我们看见的是埃莉诺自己的愤怒和痛苦感。在超市购物让她感觉"真他妈的低落"。她经历了索珀所描述的"在购物中心或超市里弥漫的模糊而普遍的不适感：一种世界过于混乱、被物质事物妨碍并陷入垃圾堆的感觉"（Soper, 2007）。

减少消费被视为面对消费主义依靠对社会和环境的剥削这一现实做出的道德反应，就此而言，我们可以很好地把另类享乐主义理解为，介于消费文化的利己享乐主义和绿色"简单生活"所代表的自我否定的清教主义之间的，"第三种生活方式"（De Geus, 2009：199）。与消费享乐主义者不同，另类享乐主义者因为知道他们的享受不会以人类和环境的危害为代价而感到满足。他们选择过一种商品密度较低的生活，同时也满足了利他和自利的动机：减少消费是尝试改善自己的生活体验，并且减少自己对更广阔世界的负面影响，或者更确切地说，另类享乐主义认识到关心自己和关心他人是相互交织、密不可分的。它为我们提出了一种美好生活的愿景，其中的乐趣有一部分正源于自己作为消费者没有带来不必要的危害。

另一个更为常见的对现代富裕社会的不满是一系列消费选项所导致的精神焦虑。在现代消费社会中，选择已经发展为一种恋物癖，我们购买的大多数东西都必须从大量的系列产品中进行选择，并且通常都有一套可客制化的选项。各种颜色的小玩意、各种剪裁的裤子以及带有数百个可选应用程序和附加组件的手机。以英国乐购超市的一家分店为对象的研究发现，货架上陈列着188种不同的洗发水和护发素，以及161种不同的早餐麦片（Lewis, 2013：38）。市场营销物料经常将这种丰富的选择宣传为财富和自由的象征，但许多心理学家认为，这些令人眼花缭乱的选项往往是焦虑而非快乐的源泉（Iyengar and Lepper, 2000; Schwartz, 2004）。斯洛文尼亚思想家蕾娜塔·莎莉塞在一个从熟食店购买奶酪的故事中检验了这个想法（她承认这是一个有点中产的例子）。面对大量的选择，莎莉塞发现自己既不知所措又愤怒。由于无法做出选择，她首先责备自己没有成为一个更加果断和掌握更多知识的消费者。然后，她担心自己的选择会受到怎样的评价，通过想象中他人的眼光质疑她的选择是否合适。最后，她还质疑熟食店老板建议的诚意，开始怨恨他为她所选商品的既得利益（建议可能是为了利润）。购买奶酪这个简单的任务让莎莉塞掉入了一个心理学意义上的兔子洞："我开始感到头晕，不仅是因为卡门培尔奶酪的味道。"（Salecl, 2011∶14）尽管看起来，消费者选择的问题很肤浅并且一目了然，但它很可能正属于富裕社会令人不安的乐趣之一。马修的访谈给了我们一个完美的例子，说明选择的暴政往往与焦虑、悔恨和自我批评绑定在一起。他说："你在城里，总是有这么多东西要买，然后你做出选择，我不知道，有时我回家后会想，呃，我真的需要这些吗？然后我会沮丧。"

其他人谈到了作为一个富裕消费者所固有的不安，或者齐格蒙·鲍曼所说的对永不满足的欲望的无休止追求："一种不断自我生产和自我延续的动机，它不需要任何目标或原因来自证或自辩。"（Bauman, 2001）让杰克感到沉重的一点在于，通过购物获得的许多乐趣都是短暂的。

> 我只将其视为通往痛苦之路。你买过新东西吗？它有点像一个循环，不是吗？有期望，这是美好的一点——然后就是你真正得到它的那一刻。我经常认为，当事实证明它不是你想要的时，就会感到失望。

一旦对一个商品的欲望得到满足，它就会找到新的关注对象，匮乏感就会再次出现。亚当同样对商品提供持久满足感的能力表示怀疑。他对自己积累的垃圾数量表示反对："每当我给自己买了一个奖励，心里就会'哦耶！'，但这种感觉很快就消失了，然后我就想，现在我的房间里只是有了更多东西而已。"

许多人表示，他们正在努力抵制这种与消费主义相关的不安分欲望。菲恩说，她已经养成了在购买奢侈品之前回家三思而后行的习惯。在冷静的考虑下，随意观看的快感褪去之后，她常常会轻松地决定，她终究并不是真正想要这些东西。其他人则表示，他们试图完全远离商店。当他们购买非必需品时，他们表示会尝试选择具有耐用性和实用性的选项，而不是单单出于新颖。安妮为她的自由职业精心挑选了一款最实用的手机，她对自己的选择感到满意，即使它不是最新潮的型号。雷切尔曾经疏远了一位嘲笑她浴室套间颜色老套的朋友。"这有什么关系?"雷切尔说,"我已经有了一间能用的浴室。"

这些例子很有趣,因为它们是抵制"越多越好"的消费主义主张的尝试。人们似乎对自己适应较低支出水平的能力感到自豪——考虑到商业广告试图让我们对自己是谁和我们拥有什么感到羞耻,这是一件了不起的事情。芬恩·鲍林认为,羞耻感是广告的主要营销工具,广告不断向公众展示奢华和时尚生活方式的形象,这成了许多人羞于落后的标准:"羞耻感被用来推销一切产品,从清洁用品到健身馆,从猫粮到整容手术,从手机到时尚品牌。"(Bowring,2000b:315)鲍林提出,羞耻的作用是设法让人们优先考虑没有面目的他人的意见,而不是发展和尊重他们自己关于有用、充足、美丽和快乐的自主观念。考虑到这一点,我们可以看到,减少消费并不一定意味着屈服于收入较低的悲惨现实,也可以意味着积极参与对需求本质的自主反思。对于我采访的人来说,减少消费意味着尝试更有打算也更节制地生活。在这里,节制具有令人满足的意义,而不是清教徒式的意义:它意味着作为消费者,我们感到自身更有洞察力和更有力量,更少被强迫性购物的痛苦和内疚所困扰,并且不那么容易屈服于广告商及其持续不断唤起的羞耻感的魔爪。

最终，这里提供的例子显示了消费主义代表的美好生活图景已经在各种方面造成了困扰和问题——无论是有赖于异化的工作来提供收入，还是意识到选择的暴政，或是参与一个以社会和环境剥削为前提的系统往往包含道德上的让步，又或是商品化的享乐的短暂性质。我们开始看到的是，减少消费并不仅仅是工作变少带来的不受欢迎的代价：通过更少的工作和更少的购物，参与者们希望发现一个不那么以商品为中心也因此更令人满意的美好生活。为了自己的满足感，他们质疑富裕社会关于财富、享受和自足的本质的一些最基本的假设。通过继续探索人们提到的在开始抵制工作后发现的新乐趣，我们能更好地理解这一点。

认真享用的乐趣

微软最新的游戏机Xbox One推出时，就以速度为卖点进行了大力营销。玩家插入磁盘，等待加载，然后花几个小时玩游戏的原始乐趣的日子已经一去不复返了。现在的游戏几乎可以立即加载。游戏无聊了？只需按一下按钮（或者对于那些花大价钱购买更昂贵型号的人来说，只需挥挥手），你就可以将显示屏一分为二，让你可以在玩游戏的同时看电视。在驾驶游戏中实现了相当快的圈速？无缝退出游戏并进入社交媒体应用程序，就可以在线与朋友分享您的成就。想

第六章　不一样的乐趣

了解您最喜欢的电视节目的幕后花絮吗？将你的平板电脑与Xbox One同步，并将其用作第二屏幕，在观看时浏览最新的幕后信息。Xbox One是一款专为高速一代打造的高速娱乐系统。它给电子游戏带来了与现代流行音乐同样的命运。沃尔特·克尔在他的《乐趣的衰落》一书中写道：

> 我们有用于阅读的音乐、用于做爱的音乐、用于入睡的音乐，而且，正如一位幽默作家所说的，还有用于听音乐的音乐。这些标题的有趣之处在于它们如此坦率地描述了流行艺术在我们这个时代的地位。他们一开始就承认，看在上帝的分上，没有人应该坐下来听音乐。大家都认为，当音乐播放时，所有能听到的人都是要去做其他事情的。（Kerr, 1966）

Xbox One，就像克尔书中的"用于阅读的音乐"或者"下饭节目"一样，是一款适合斯塔凡·林德所说的"忙碌的休闲阶级"的产品（Linder, 1970）。当没有足够的空闲时间时，仅有的空闲时间也会变得紧张和令人焦虑，并且我们会越来越倾向于像对待工作一样带着效率和生产力的意识来进行休闲。Xbox One等未来感产品的吸引力在于，它能够紧凑地安排我们的享乐时间，甚至允许我们同时享受多项活动。

换句话说，它使我们从少量的闲暇时间中获得最大的乐趣。然而，营销宣传忽视的事实是，无论我们如何组织和安排我们的享受，这永远不足以对抗因自由时间太少而带来的压倒性的紧张感（更不用说努力同时关注两件事带来的混乱感）。斯塔凡·林德那本写于1970年代的书的总体观点是，富裕社会已经发展到了闲暇时间不再闲暇的境地。忙碌阶层的消费速度超出了他们实际享受商品乐趣的能力。林德以他标志性的挖苦口吻写道：

> 晚餐后，[一个人]可能会喝着巴西咖啡，抽着荷兰雪茄，啜着法国白兰地，读着《纽约时报》，听着《勃兰登堡协奏曲》，逗他的瑞典妻子开心——所有这些都在同一时间进行，并有着不同程度的成功。(Linder，1970：9)

如今富裕工作者结束一天的辛苦工作回到家时，发现自己家中摆满了邀请自己进行某项活动的物品。在我自己家里，我发现的是一个弹出无数观看推荐的网飞账户，一组塞满CD的书架，一堆冲动买下、等着我阅读的书籍，还有一个冰箱，里面装满了需要在变坏前烹饪的食材。在我不那么忙碌的时候，这些是很多快乐的源泉，但是当我太忙而无法

第六章 不一样的乐趣

享受它们时，它们只不过是挫败感的来源。这些所有物很容易让人感到焦虑，它们提醒着人们自由时间是多么稀缺。因为被太多的选择困住，以及为自由时间的缺乏而烦恼，我们常常选择看起来唯一可行的事——什么也不做。

我的研究的一部分参与者非常了解这种感觉。露西提醒了她的丈夫马修他在当地一家杂志社工作期间经历的焦虑惯性：

> 很多时候，当你从那儿回到家时，你只会干坐着不知道该做什么，而且还对自己浪费时间感到非常恼火。或者说你不会做任何一件你完全想做的那件事之外的事情——比如你不会和我一起看电影，因为在你本可以做更好的事情的时候，这有点像浪费时间。但最终你往往什么都没做。

露西说，她在廉价商店工作期间，休息时间也经历了类似的紧张感。她说，那段时间她的自由时间几乎毫无价值："周六我要从下午四点工作到早上八点，这太可怕了，因为它是下午四点开始，而我在那之前什么也做不了，因为我会为那天晚上必须去上班而感到沮丧。"而当露西轮到上午十一点开始的排班时，"很多人会说'可以睡懒觉你不开心吗？'我会想,不,我什么也做不了,因为我十一点就开始上班了。那之前你不能随意出门做你喜欢做的事"。在我整个研究当中,这些坐立不安的经验十分常见。拉里(我们沮丧的社工)说,他喜欢读小说,但下班后通常会感到太累而无法阅读:"我已经受够了那个屏幕。"杰克说,他在原来的全职工作中曾经一度感到完全"精疲力竭""身心透支",而且"总是处于从工作中恢复的状态"。参与者逐渐认识到,在他们以前作为全职工作者的生活中,他们的大部分自由时间都是在准备或恢复的状态里度过的,因此这些时间在某种意义上仍然属于他们的雇主。

如果说缺乏优质的自由时间是工作生活方式的主要痛苦之一,那么放慢脚步和减少工作会发现什么新的乐趣呢?对谢里尔来说,她相信拥有更多的自由时间让她更加自发地去做很多事情。她重新发现了那些在工作周规定好的安排中往往不被接纳的计划外的乐趣。也许谨慎地提及她活跃的性生活对我们是一个有用的提醒,即一些形式的享受无法被迫按照固定的时间表进行。相较于电影、MV、广告所提供的性想象来说,现代生活留给人们实际去做这件事的时间似乎很少(Linder, 1970 : 83)。性兴奋无法在睡前短暂的半小时自由时间里被随心所欲地唤起,就像人们想出门、和朋友社交、吃好吃的食物、玩游戏的任何冲动同样不能被限制在周末时间里进行一样。爱神并不关心发达工业社会的时间表。

谢里尔的感官享受也提醒我们，生活中的满足感，如果慢慢品尝会变得更加令人赞叹。凯特·索珀在她关于另类享乐主义的论点中提出，随着生活变得更加忙碌，人们常常遗失的是"消费的审美或仪式层面"（Soper, 2008：577）。我们只需看看围绕进餐时间的不断变化的做法就可以了解这一点。索珀认为，用餐时间具有个人和文化价值，作为一种"共享的、欢乐的活动，有其自身的内在价值……促进人类交流，提供思考和身体更新的食粮"（Soper, 2008：577）。用餐时间是极度的享受和社会交往的机会，但是现代文化的速度以及它的即食食品和可悲的办公桌午餐，削弱了它的仪式性。

> 这种具有深层心理维度的原始乐趣，被简化为仅仅为了维持生物机能的活动。这段因为要获取必要卡路里和维生素剂量所花费的时间，必须通过同时阅读报纸或者看电视来提高使用效率。（Linder, 1970：83）

索珀将这样的现象描述为"消费的去精神化"，我们还可以注意到当今"慢食"运动的支持者如何通过赞颂烹饪和饮食的欢乐来反抗这种去精神化。[5]慢食运动通过强调烹饪、摆盘和共同享用食物带来的更具仪式感的或更崇高的快乐，试图重新找回饮食不只是补充身体养分的观念。对于我采访的一些人来说，放慢生活节奏似乎意味着努力拯救或重新投注精神到某些"濒危的"的乐趣上面。谢里尔喜欢抽出时间和她的孩子们一起做饭，马修热衷于"桌边闲谈"，萨曼莎会"摆盘，让饭菜变得有点特别"，杰拉尔德则爱买一些优质食材并"享受一个美好的家中夜晚"。我们还可以回忆起第五章中菲恩对准备圣诞晚餐的热情描述。

今天的典型消费者总是在餍足之后立刻寻找新的欲望，而我遇到的人所体现和赞颂的，似乎是去细细品味他们的快乐的能力。马修和露西详细谈论了他们对电脑游戏的热爱，并解释了如何以相对较少的费用享受这种昂贵的爱好，也就是从每场游戏中获得最大的乐趣。露西说，重要的是在购买下一款游戏之前"把手上的这款游戏玩个遍"，我们可以合理地假设以这种方式玩游戏并不会降低这对夫妇的整体满意度。用玩具来塞满休闲时间是一种试图增加乐趣的徒劳方式，因为人们购买的奢侈品越多，在有限的时间内从每件物品中获得的满足感就越少。正如林德所说："一个人可能会购买更多的东西，但可想而知一个人不可能在每件事上都做得更多。"（Linder，1970：83）尽管马修和露西热爱电子游戏，但他们表示对购买Xbox One没有兴趣也许并不奇怪。

生产活动的乐趣

当我采访参与者菲恩时,她的丈夫里斯也加入了我们。里斯说,他的梦想是大幅减少工作。在这个梦想里,他也许会拥有一个小农场并自己种植食物,但实际上他仍做着全职的IT技术人员。他对计算机充满热情,总体上很喜欢这份工作,但全职做这件事让他感到困扰。他想要反抗工作的原因之一是每个平常的工作周的开支巨大:

> 我想一想发现,放假一周花的钱比上班一周花的钱要少。我现在这样做的次数少了,但以前肯定是这样:从餐馆买个三明治之类的东西,然后早上喝杯咖啡,吃点糕饼什么的。工作结束后去酒吧放松一下。这样每周会花掉近一百英镑。

里斯是众多抱怨工作周的隐性开支的人之一。例如,谢里尔的丈夫本由于再也无法忍受占工资相当比例的通勤费用,换了工作并减少了工作时间。杰拉尔德也抱怨他过去上班需要支付的交通费用,以及由于工作要求他着装正式而必须额外购买和清洁衣服的费用。

考虑到工作涉及的特定开支,做更少的工作,以及要求人们降低他们的消费水平,可能实际上在某些方面允许人们减少开支。这一原则与第三章中介绍的高兹关于消费者动机的理论是一致的。如果我们还记得的话,高兹认为日常消费习惯的很大一部分可以解释为劳动异化的产物。这是因为,就业消耗了时间和精力,迫使人们的技能进入狭窄的渠道,使得人们无法自己满足自己的需求,或者在不诉诸昂贵的消费形式的情况下满足这些需求。当我们想一想现代支出有多大一部分是为了方便,这一点就变得很清楚。对于那些从事压力大、时间长的工作的人来说,通过为节省时间的商品和服务付费来"买到"更多自由时间,具有强大的诱惑力。这意味着从家务活到园艺,到准备食物、开车,甚至购物本身等一系列活动,现在通常都是通过商业交易来完成的(Schor,1998:162)。劳动的异化也促进了消费需求,因为工作的艰辛常常需要安慰和补偿。消费品的世界,以及其中的逃避、奢华和转移注意力,有望填补人们存在的空虚(或者至少帮助我们暂时忘记它)。

运用高兹的理论,我们可以观察到脱离雇佣工作实际上允许人们减少开支的更多情形。例如,本相信拥有更多的自由时间可以让他摆脱便利品行业。他举了点外卖的例子:

> 你回到家,感觉糟透了,然后你叫了一份外卖,不

第六章　不一样的乐趣

是吗？你太累了，不想做饭，但这要花十五英镑，你必须挣钱。这是一个大循环。

现在他有了更多的自由时间，他能够购买食材、学习新食谱并为家人做饭。外卖食品已经失去了它的黄金地位。他现在每个月大约只点一次外卖，而且通常对其质量感到有些失望。在本更加认识到上述"大循环"之后，外卖的吸引力就显得尤为可疑：工作产生了消费便利品的需求，但便利品的消费本身又强化了对工作收入的依赖。鉴于许多现代商品——从预制餐食到高咖啡因饮料、洗车、维修服务、护理服务、私人教练、约会机构等——都在很大程度上利用了我们缺乏空闲时间的现实，毫不奇怪，我遇到的许多人都发现减少工作可以让他们省钱。他们能够自己做更多事情。

受访者还认为，他们通过脱离我们所谓的治愈性消费来省钱，这种消费利用了被异化的工作者逃离日常生活不太愉快的现实的需要。正如杰拉尔德所说："当你从事一份不喜欢的工作时，你需要某种积极的刺激——一件连衣裙，或者给自己买一个新的小玩意，或者你会说'来吧，我们值得出去玩一晚'。"虽然大多数人可能会觉得像这样的暂时逃避永远不能完全取代更自主的存在方式，但这些奖励代表了一种补偿形式，在缺乏真正的社会替代方案的情况下通常会被接受

（Lodziak, 2002: 158）。亚当（我们的计算机程序员，后来成为英语老师）认为，他摆脱了一直以来依赖的治愈性消费，这让他能够轻松适应较低的收入水平。我们聊到收入减少的实际挑战时，亚当说：

> 我想，对我来说，我不需要战术性地省钱之类的事情。这对我来说并没有那么严重，因为现在我对自己的生活很满意，所以没有必要花更多的钱来增加我的幸福感……我花钱不多可能是因为我知道我想做什么，所以我真的不需要花钱让我的生活更舒适。我知道我要去哪里。

这些例子中引人注目的是，人们花销更少的生活在很大程度上是用一种享受和自我赋权的语言来表达的，而不是"应对""牺牲"或"凑合"。事实上，这些人能使得自己有时间、技能和精力来满足自身的需求，而不依靠消费，本身就是一种满足。这当然也与更传统的或消费主义的美好生活图景形成鲜明的对比，在这种形象中，富裕就等同于对市场的高度依赖。菲恩和里斯反思了富裕的理想：

> 里斯——在某种程度上，这就是文化告诉我们要做的事情。富裕就是开车去一些地方、出门吃午饭。这就

是政府似乎告诉我们要做的事情。

菲恩——这就像一种高级的生活方式之类的。

里斯提到政府时让人想起撒切尔的一句话，据说她在1986年曾说过，"任何突然意识到自己26岁了还坐公交车的人都会认为自己是个失败者"。富裕和成功与通过私人的、更昂贵的消费形式来满足需求的能力联系在一起。模范人士应当开自己的车而不是乘公共汽车（联想一下也可以知道，他上班时会买午餐，而不是带饭，然后花他的收入去洗车，而不是自己用海绵和水桶洗车）。然而，这种富裕的理想可能忽视了在自己动手的活动中可以找到的其他形式的享受。

汉娜·奥马霍尼对志愿游客社群的研究中提及大量这些形式的享受（O'Mahoney，2014）。奥马霍尼深入研究了那些为帮助海龟保护项目而暂时在希腊生活和工作的人们的日常生活。项目期间，志愿者住在海滩旁一栋人们自己建造、自己维护的简单住所里。奥马霍尼观察到，志愿者在离开项目时普遍为自己的足智多谋和创造力感到高兴，因为在一个钱变得一文不值的环境当中，他们第一次发现了自己的这些品质。项目进行的过程中，最初沉默寡言的志愿者们逐渐发展出修漏水、为团体准备食物、使用简单工具装饰住所，以及利用随身携带的东西或在海岸发现的任何未经加工的物品来获取乐趣的能力。人们被迫无法依赖商品后，开始发展他们的自我组织和自己动手的能力，并最终为自身的这些能力赞叹不已。

我自己的研究中的许多人也对他们动手能力的发展感到兴奋。埃莉诺（住在她的公社）决心尽可能地自力更生，她很兴奋能测试自己坚韧的极限。她用"联结"和"参与"等词来谈论她与物质世界的关系，并对祖父表达了热烈的感激之情，她把自己对自力更生的重视部分地归功于祖父：

> 我记得爷爷经常和我们一起做一些小事。他总是在做某种"工程"，他总是确保我们尝试各种工具并学习如何使用它们。我想，我逐渐在生活里掌握了这些零碎的东西。

在埃莉诺确实需要寻求专业人士帮助的情况下（她举了安装燃木炉的例子），她说她总是会问很多问题并努力观察正在进行的工作，希望能学到新技能。

作为我遇到的唯一一个生活在"局外"社群（一个集体生活的项目）的人，埃莉诺无疑代表了一个极端的例子。她很清楚她的生活方式并不对每个人的口味，但我们可以注意到，我遇到的几乎所有人似乎都在自力更生中找到了某种程度的快乐。在我对马修和露西的一次采访中,马修要求中途休息,以便向我展示他的自行车修理工具和手册。同样,参与者里斯也热情讲述了他对计算机组件的了解。他说,他乐于获得关于电脑更新的知识,这样他就不必花钱找专业技术人员,或者用一大笔钱购买全新的型号。里斯在查看计算机内部时与马修在查看自行车时看到的内容可以相比拟:不是一系列陌生的组件,而是一整套的意义。我相信他们在修理自己的物品时感受到的是一种掌控感——类似埃莉诺所说的与物质对象的"联结"。他们的经历与那些没有时间了解周围环境的人的沮丧和无能形成鲜明对比——这些人在恼怒地敲打坏了的物品后,只能打电话给专业人士,或者放弃抵抗再买一个新的。

我遇到的人们对他们的维修技能的尊崇让我想起罗伯特·M.波西格和他的哲学小说《禅与摩托车维修艺术》(Pirsig,1974)。波西格与我遇到的许多人所共享的是对他所拥有的东西的依恋甚至是忠诚。波西格谈论他的摩托车骑行手套时写:

> 我关心这些发霉的旧骑行手套。我对它们微笑……因为它们已经在那里很多年了,那么旧,那么累,破损得那么厉害,以至于它们有某种幽默感……它们只花了

三美元，而且已经缝了很多次，以至于修复它们快要变得不可能，但无论如何我还是花了很多时间和精力去修复它们，因为我无法想象哪一副新手套可以取代它们。（Pirsig, 1974: 52）

当我要求人们带我参观他们的家或列出他们的财产时，他们让我见到了一系列被珍惜、被照料着的物品。我参观过的许多家庭都有一种令人欣慰的品质——这种品质很难用语言来形容。另类享乐主义者的家在任何传统意义上都不是颓废的。它的舒适感与阿多诺所写的"手触摸过的事物的温和、舒心、圆润的质地"有些类似（Adorno, 2005: 48）。我很享受参观这样的家带来的感官和审美乐趣：居住在里面的人自己制作和修理东西、围着桌子交谈或一起玩游戏。我喜欢看到准备饭菜的场景、闻到做饭的香气。我也很高兴看到人们谦虚地展示他们的创新性：一个由挂钩和滑轮组成的晾晒组件取代了烘干机；一个架子上摆满廉价而整洁的外卖容器，分类存放着不同尺寸的螺丝；用碎布缝成的手工靠垫，以一种同类商品无法比拟的方式展现着其创造者的个性。

我试图通过想象其对立面来理解我参观过的家庭的温暖气氛——不欢迎客人、干净到冷冰冰的家，住在里面的人没有空闲时间，家务劳动都被外包给付费的专业人士。高兹表示，这种房屋几乎没有家的感觉。自己的劳作才能够使我们对周遭产生拥有感，这是"每个人扎根于世界的感官物质性，并与他人分享这个世界"的方式（Gorz，1989：158）。只有当一个人能够"自愿与其他居住者合作，参与一个房子的发展、组织和维系"时，他才会对这个地方产生家的感觉（Gorz，1989：158）。因此，将所有家务劳动外包的人会感受到与社会和周围环境的脱节感：

> 住宅的空间组织，熟悉物品的排列、性质和形式都必须接受服务人员或机器人的日常维护，就像在酒店、军营和寄宿学校一样。你周围的环境不再属于你，就像一辆由司机驾驶的汽车更多地属于司机而不是车主一样。（Gorz，1989：158）

资本主义现在正从高兹所描述的环境脱节感中获利，基于我们如此渴望的"自制"美学建立了一个利润丰厚的市场：无论是销售做旧和改装风格的全球家具连锁店，还是新出现的大批缝纫和烘焙比赛的电视真人秀，或者各种各样包装得朴实无华、状似手工制作的食品和化妆品。所有这些都是索珀所说的"第三手满足"的绝佳例子：资本主义制度从我们手中夺走了相对不那么昂贵的满足形式，然后再以商品化的形式出售给我们（Soper，2008：577）。然而，这些商品化的等价物永远无法取代真正的自己动手，在高兹的分析中，自己动手是快乐、赋权和使人类感到扎根于世界的无可替代的来源。为自己工作让我们有一种与环境的联结感，并将我们嵌入自己的社区——这是对这样一种观念的公开冒犯：恣意的生活是拥有巨额收入，一根手指都不用动，所有需求都能通过市场满足。

我想起了伊万·伊利奇，这位作者描绘了未来人类完全依赖商品和专业服务的可怕景象。早在1970年代，伊利奇就认为我们即将生活在一个"职业的时代"，并感叹人们历来在其中解决困难、照料他人、玩耍、吃饭和交友的社会基础设施正在受到侵蚀。伊利奇描述了在市场子宫中的婴儿这一令人不安的形象来阐明他的观点。在极端的情况下："公共资源被消灭，取而代之的是一个由输送专业服务的漏斗组成的新胎盘。生活在永久的重症监护中陷入瘫痪。"（Illich，1978：64）考虑到就业是一种具有高度依赖性的现实处境，从事雇佣工作竟能成为成熟和独立的有力象征，这确实十分稀奇。这里所说的不仅是工资关系中固有的依赖性，还包括对商业产品和服务的依赖性，在工作耗尽了我们的时间和精力后，商业产品和服务成为满足某些需求的唯一途径。我采访的人也许证明了，如果社会允许我们有足够的自由时间的话，许多一贯通过私人的、昂贵的消费形式满足的需求，实际上可以自己满足，甚至可能带来很大程度的自豪和享受。

对人们来说，更困难的情况往往涉及社会的商业化仪式。从圣诞节到生日、婚礼和成人礼，一整套社交仪式如今已等同于昂贵的礼物和炫耀性的消费。当我们被持续不断地催逼着通过购买价值不菲的商品来表达我们对他人的喜悦和爱时，只有臭脾气或吝啬的人才会为了省钱而选择退出这些仪式。我遇到的一些人正是因为这个原因而害怕社交场合，但也有一些人表示他们已经找到了解决办法。在我们第一次见面之前的圣诞节，马修和露西用些许创造力避免了购买贵价礼物的需要。他们买了一些普通橄榄油，将其与辣椒、大蒜和香草一起倒入玻璃瓶中，然后装饰瓶子，将这些作为礼物送给朋友和家人。露西说，她很享受准备的过程，而且接收者也很欣赏其中付出的努力："这比直接去连锁店Boots买一份买三送二的礼物要好。"同样，萨曼莎讲述了一个她无力承担朋友昂贵的生日之夜费用的故事。一开始她对这种情况感觉很糟糕，后来她选择在家给朋友做一顿特别的饭菜。萨曼莎说她的朋友很喜欢并欣赏这份礼物。在这些例子中，自制礼物具有独特的价值，与用金钱购买的商品单调和不带感情的性质形成鲜明的对比。

…

在本章中,我对"工作然后消费"的资本主义文化传统之外的可能乐趣持开放态度,通过观察我遇到的人们——那些或多或少自愿失去一部分收入的人——是如何谈论并理解他们的这个决定。这不是在鸡汤式地认为我遇到的人已经发现了"幸福的钥匙"或理想的生活模式,但他们的行为和选择值得注意,因为它们有助于批判在现代资本主义中占主导地位的生活方式。在我的研究过程中,我发现有趣的是,人们通常不会将减少消费描述为减少工作的副作用。相反,它是凯特·索珀所说的"另类享乐主义"的一种表述。虽然我们可以有把握地假设他们的生活面临巨大的经济困难(有些人乐于谈论这些困难,而另一些人则不愿意),但较低的消费水平是人们试图寻找一种不那么物质主义的良好生活的关键部分。人们减少工作和消费,以避免富裕带来的"令人不安的快乐",希望发现更无与伦比、更持久的新乐趣,这些乐趣只有通过大量的自由时间才能实现。他们抵制资本主义不断要求他们对自己的财产感到羞耻和不满的做法,并为自己有能力发展自己对快乐、美丽、富足和幸福的观念而感到自豪。他们正在反思幸福与商品消费之间的关系,并在发展迄今未被发现的自力更生能力的同时,发现了一种新的掌控感和扎根于世界的感受。我们不能狭隘地认为在一种较慢的生活节奏里寻找避难所对任何人来说都是可实际操作的，因为这样的生活将会让很多人在经济上无法生存，但接受高消费生活方式是每个人都应该追求的既定规范这一观点同样是欠思考的。

第七章

不完整的人

> 闲人、碌碌无为者、懒骨头、睡懒觉的人、无业游民、闲荡的人、漫游者、笨手笨脚的人、懒汉、逃避责任的人、逃避工作的人、频繁看表的人、没精打采的人、意志消沉的人、瞌睡虫、拖拖拉拉的人、慢吞吞的人、零工、流浪乞丐、流浪汉、漂泊者、托钵僧、叫花子、骗子、寄生虫、乞丐、吃白食的人、拾荒者、招摇撞骗者、占便宜的人、躺平的人、一无是处之人、一事无成者、浪子、邋遢懒散的人、游民、盲流子、不受管教的人、瘾君子、等好运的人、宿命论者、不工作的人……
>
> ——《罗热同义词词典》

作为艺术项目"学习更爱自己"(July and Fletcher, 2007)的一部分,艺术家米兰达·裘丽和哈勒尔·弗莱彻让参与者完成以下任务:请你的家人描述你的日常工作。其中一个令人印象深刻的回答来自弗吉尼亚州的安吉拉·布里奇,

第七章 不完整的人

她在信中提供了三个不同家庭成员的回答：

> 祖母（91岁）——她［安吉拉］花很多时间做饭，给我带食物、糖果和泰诺酮。她经常打扫我的房间。她总是给我清洁床。
>
> 儿子（7岁）——她和我一起玩，去霍林斯大学的实验室里做实验。她经常玩电脑游戏、看书。她带我去公园和伊恩家。
>
> 妈妈（65岁）——她现在没什么事可做。

尽管这里关于安吉拉的信息很有限，我们仍然可以推断出她可能没有从事一份全职工作（肯定有人提起过这一点）。但是她看起来也是个大忙人，时间安排得很满，同时也对自己的时间很慷慨。除了照料她年迈的祖母、陪儿子玩耍，她仍然能抽出时间学习、玩电子游戏。尽管她妈妈这样说，但是儿子和祖母的陈述证实，安吉拉并不是一个"没什么事可做"的人。我们可以将这种对安吉拉生活方式的假设和下面这位匿名发言人心中的假设进行比较：

> **匿名者**：你在写一本书吗？它是关于什么的？
> **大卫·弗雷尼**：它关于我做过的一些事，研究那些

尝试减少工作或过一种不以工作为中心的生活的人。或者有些人压根儿不工作,我正在研究他们的价值。

匿名者:所以这是一本关于流浪汉、关于社会渣滓的书?

这些言论的假设是,没有工作的生活是空虚的、不值得过的,这正是工作教条的一个特征,我们称之为错误的二分法:普遍观念认为,如果一个人没有从事雇佣工作,那么他就一定没有做任何有价值的事情。这种二元观念本质上是在说,人们只能在工作和懒惰之间做出选择。它没有考虑到诸如照顾孩子、父母、邻居、伴侣和朋友等活动的社会价值,更无视那些本身就是目的的具有内在价值的非工作活动,诸如玩耍、闲谈、享受自然、创造和欣赏文化作品。如果说这些活动不属于严格的工作领域,那它们也代表了人类经验中更崇高的可能性。它们使得生活不仅仅是为了生存而苦苦挣扎。然而,人们通常也不会认为一个体面的人会以这些活动为中心来安排自己的生活。

在本书的前面部分,我勾勒出一些理论上可能阻碍我们反抗工作的障碍。其中一个障碍是当代社会对工作强烈的道德化。我指出媒体对不工作者的污名化,他们经常将那些抵制工作伦理的人说成是过于有权利意识的人或是离经叛

第七章 不完整的人

道者。我还认为,一些社会学研究可能在其中起了共谋作用,因为他们将就业视为一种规范,而失业者则是偏离规范的人。在这两种情况下,错误的二分法被引入:权威告诉我们,要么选择就业,要么选择空虚的生活,要么选择工作伦理,要么就是没有伦理。反对闲散,反对把经济领域之外的活动放在优先位置,这样的伦理成为那些主张对如今以工作为中心的社会提出替代方案的人所面临的主要障碍。正如凯西·威克斯所言:

> 生产主义的伦理假设是生产力在定义和完善我们,当人类的言辞、智力、思维和创造的能力不导向生产性目标时,它们就被贬低成单纯的闲聊、无用的好奇心、漂浮不定的思想和过分空闲的手,它们的非工具性被视为人类品质的可耻败坏。甚至连快乐也被描述为不那么有价值的——当它们被判定为不务正业时。(Weeks, 2022:170)

最后,通过我所遇到的那些人的说法,尤其是那些试图完全不工作的极端案例——我们可以感受到对工作的广泛道德化如何削弱拒绝工作的日常努力。虽然我采访的许多人对自己不同于他人并不感到别扭,甚至可能因为自己非常规的生活方式而充满活力,但我们仍然会看到,对其他人来说,逃避工作代表着潜在的羞耻感。在他们对抗工作的过程中,除了需要面对更实际的或物质上的障碍,这种羞耻感也始终潜伏在背后。

在工作的道德考验中失败

欧文·戈夫曼认为,污名是指一个人没有资格得到充分的社会接纳的情况。当一个人站在我们面前:

> 有证据表明,他具有某种属性,这种属性使他有别于他可能成为的那类人中的其他人,而且是一种不那么理想的人——在极端情况下,这个人可能是一个完全坏的、危险的或虚弱的人。这样,他在我们的心目中就从一个完整、正常的人变成一个有污点、打折扣的人。(Goffman, 1968: 12)

在我研究过程中遇到的人们的情况中,最有可能出现的污名是失业。失业是一个不光彩的事实,可能破坏一个人作为正常的、可被接受的社会成员的地位。戈夫曼引用了扎瓦茨基和拉扎斯菲尔德的研究所描述的一名失业男子的情况:

第七章 不完整的人

> 承受一个失业者的称呼是多么艰难和耻辱啊。当我出门时,我垂下眼睛,因为我感到自己低人一等。走在大街上时,我觉得自己无法与普通市民相提并论,似乎每个人都在对我指指点点。(Zawadzki and Lazarsfeld, 1935:239)

这个失业者将他的污名铭刻心中,他成了一个遭放逐的人,甚至无法直视同胞的眼睛。我们可以认为,在这里他经历了一次社会认同的危机,失业使他感到失去了作为一个应该得到平等权利和尊重的人的资格,因此他感到自己毫无价值,也感到困惑和孤立。阿克塞尔·霍耐特认为,社会承认可以以多种方式被收回:当一个人的身体被限制或控制(如囚犯或奴隶),当一个人被剥夺了广大人群所共享的特定权利(如受到种族、性别、性取向等方面的歧视),社会承认也会被撤回。而与此处有关的一种收回方式是社会拒绝将特定的生活方式视为在文化上合法的:

> 一个人的"荣誉""尊严",或者用现代说法来说,"地位",指的是社会根据他自我实现的方式所反馈的社会尊重程度——而这种方式受到社会固有文化视野的影响。如果这种等级制的价值体系将个体的生活形式和信

仰方式贬低为低劣或不足的,那么它就剥夺了有关主体为自己的能力赋予社会价值的一切机会。(Honneth, 1995:134)

在不工作这件事上,霍耐特所述的那种社会固有的文化视野,是一种以工作伦理和错误的二分法为主要特征的文化观。在工作是获取地位和身份认同最普遍方式的社会背景下,没有工作的生活常常招致羞耻感或自卑感,或者总会引发通过找工作来重新确立自己作为一个"正常"人的愿望,这并不令人意外。

工作被人竞相追逐的一个原因(除了显而易见的收入)是它为人们提供了社会承认。我们可以参考杰拉尔德的例子。在厌倦忙碌的生活方式之前,杰拉尔德曾有过令人满意的职业生涯,作为一个四处奔波的学者,他出席各种会议、从出版作品中得到赞美。他说,"你会从工作中得到所有这些积极的回应",他特别珍视参加学生毕业典礼时体验到的"感激之情的温暖闪光"。学生们经常会上前表达对他的感谢,夸赞他的教学。在如今这样一个以工作为中心的社会中,人们认为是工作赋予人公共生活,在工作中,我们的成就被看到并得到奖赏,就像杰拉尔德那样。如果在我这项研究中的人们打算放弃这种获得承认的机会,他们就必须确保

第七章 不完整的人

自己有工作之外的其他安排：新的社会网络，其他可以取得成就和进行互动的空间，动力和认可的替代来源。

我遇见的人们试图在就业之外创造一种有价值、令人尊敬的生活方式，但其中一件事似乎让他们感到困惑，他们始终觉得自己选择的生活方式处于污名中。马修和露西这对已婚夫妇（两人都完全放弃了工作）似乎都在为他们因失业产生的自卑感而挣扎。马修认为，在富裕社会的文化中，人们通常将失业的人视为不完整的人：

> 我觉得很多人认为，你没了工作就像没了影子一样。就好像你是个不完整的人，这话说得很重，但整件事情就像是这样——就像我们去年向人们介绍自己时。他们会问"你是做什么的"，如果你失业了，可能就会"呃呃呃"。人们会有一点震动然后想，"哦，所以你真的什么都不做"。

在我们的访谈中，马修说他最珍视的活动之一是写作。他喜欢写文章，把自己对哲学和电子游戏的兴趣结合起来，并且正尝试将一些作品发表在游戏网站上。马修热情地谈论他作为写作者的审美感受，但他告诉我，他常常不太愿意向别人透露自己对写作的兴趣：

我越来越想告诉别人我是一个作家,因为我几乎每天都在写作,尽管我还没有发表过任何作品。这是我现在每天都在做的事情。但我知道接下来的问题是什么。人们会问"你给哪里写东西?"这是迷恋生产力的体现,人们在意你的写作会带来什么。比如,它是否会对工作、劳动力市场之类的东西产生什么影响。

马修花在写作上的时间没有产生显而易见的社会效用,也没有给他带来任何收入,这成为他潜在的尴尬来源。他不认为人们会接受他的身份以及他的日常生活围绕一项毫无报酬的活动展开这一事实。他的陈述引发了露西的思考,露西对于拒绝承认有偿工作之外的活动的文化倾向持有批判态度:

> 这就像所有电视选秀节目上一样。人们上台表演,下面标记着他们的名字和职业,你的用大字写着——无业。当苏珊·博伊尔上场时,这个问题就出现了,"无业"就好像意味着他们什么都不做。他们本来可以写"喜欢制作卡片"——我不知道,任何其他东西都可以。这种情况无处不在,甚至连新闻里也会写"苏珊·布里格斯,面包师",游戏节目同样如此。而我希望是"露

西，爱动物且喜欢读书"。我会很想要这样。

围绕着阅读、陪伴马修、散步、做手工和照顾宠物，露西构建了一种愉快的日常生活。尽管她反复表示对自己的日常生活方式很满意，但我让她想想工作是否有一些东西让她怀念。这时候，她提出了社会承认的问题。露西变得肉眼可见地不安：

大卫：如果非要问，在你所说的关于工作值得怀念的事物中，哪一点是最重要的？

露西：嗯[长长的停顿][叹气]。我想，我最怀念的是不会觉得自己让别人失望了那种感觉。我不知道，也许是因为我感觉我让马修的父母失望了，也让我的父母失望了。我想我不会说——我不知道，这样说能理解吗？

大卫：能。所以你现在还担心吗？

露西：我每天都在担心[长长的停顿]，一直都是这样[叹气]。我只是——我感觉我应该找份工作，这样我就不会觉得我让所有人失望了，但我只是[叹气]——我不知道我能不能做到。

露西的主要愿望之一是有很多小孩。她讲了个故事，在一次圣诞派对上,她的母亲——一名护士——对同事隐瞒了露西打算不工作的愿望,她觉得露西的母性目标过于家庭化或者太过时了。露西缺乏以工作为中心的抱负——这似乎让她的母亲难堪。

露西并不孤单。一些参与者认为,他们的选择对朋友和家人来说是羞耻感的来源。我们可以参考艾玛的案例,她在被诊断出严重的胃病后决定停止工作。艾玛坚信,人们会因为她没工作而对她有负面评价:

> 他们肯定会这样的,社会也这样。我的家人也是这样。我的家人对我不工作这件事指指点点,即使这并不是我的选择。他们知道这一点,但是我妈妈完全不理解。她会这样对我说:"你什么时候找工作,你什么时候找工作,我希望你能找工作。"而我已经说过我生病的事了,她就说"哦,可你现在没事了!"是的,我确实从去年夏天以来好一些了,但我觉得"给我个喘息的机会吧!"

在像艾玛这样的案例中,当一个人感到身体不适以至于无法工作时,医学诊断可以起到合理化疾病感受的重要作用。医生的诊断来自专业权威的立场,允许病人进入帕森斯

第七章 不完整的人

所说的"病人角色"中,在这种角色里,病人暂时被免除了工作的责任。然而,在艾玛的故事中,即使专业的医学诊断也不足以证明她不工作的决定是对的。我们可以部分地将其归因为胃病的不可见性。由于艾玛的健康时好时坏,并且没有明显的外部症状,她时常难以向别人传达她生病的信号。由于没有任何明显的方式表明她的病情,她一直在努力说服别人她有权不工作。

我们来看看关于失业的污名的最后一个例子。萨曼莎是一位三十出头的全职律师,她放弃了这份事业去做兼职服务员。萨曼莎辞去专业工作,去酒吧做兼职的决定,被她父母视为情感不成熟的表现。在他们看来,萨曼莎离开了职业化的成人世界,退回到青少年时期。萨曼莎满足于在一个很多员工都是青少年的酒吧工作,这被视为她没能长大的表现。萨曼莎随后与父母的冲突完美地表明,在某种程度上,从事雇佣工作——尤其是全职和地位较高的工作——在文化上是成熟的象征。这种情绪体现在如下要求中,即年轻人(尤其是学生)应该"长大","努力工作",或者开始生活在"真实世界"中——一个人们通过遵从工作要求、获得稳定收入来表现长大成人的世界。

萨曼莎的律师工作曾让她的父母骄傲无比,但对萨曼莎来说,这种骄傲只会让她恼火。这是因为萨曼莎并不认同自己的律师工作。虽然她以律师的身份执业,但她拒绝将自己完全表现为律师的角色。换句话说,虽然她从事律师行业,但她讨厌被视为律师,讨厌律师的观点、律师的品位、律师的行为。萨曼莎反抗了父母的期望,她拒绝承认离开职业领域就是一种倒退或不成熟的象征。相反,她构建了自己关于成熟的观念,这种观念建立在自主性和多样性之上,而非建立在获得和表现工作角色的前提上。萨曼莎在访谈中讲述的生平最终呈现为一个成长的故事,在这个故事中,成熟被定义为一种学会做出有意识选择的能力,而不是被传统所束缚,"我想接触我想要的东西,我愿意倾听自己的声音,观察自己对事物的反应,开始用自己的方式安排事情……这感觉像是在成长,因为我第一次有意识地选择做我想做的事情"。

在上述每个案例中,人们都因为抵抗工作伦理而正遭受负面评价。在露西的案例中,问题在于她没有展现出正确且恰当的抱负。露西的主要目标是家庭生活,这在她的家人看来太过古板和过时。在艾玛的案例中,问题在于家人认为她面对疾病时没能展现出应有的坚忍不拔。可能因为她的病症状不那么明显,人们怀疑艾玛是否真的生病,从而质疑她是否有权豁免工作。最后,在萨曼莎的例子中,问题在人们认为她没有长大,没能承担起成年人的责任。萨曼莎选择成为一个地位相对较低的兼职工作者,这被视为孩子气地不愿进入"真实世界"的证据。凯尔文和贾勒特描述了一种"财富伦理":一种强调每个人应该创造或拥有足够的财富以避免在经济上依靠他人的信念体系(Kelvin and Jarrett, 1985: 104)。有人指责无业游民是寄生虫,无耻地依靠施舍过悠闲生活,这种思想就是财富伦理的体现。然而,此处的案例表明,财富伦理只能部分地解释对不工作者的污名化(毕竟,只有少数人真正申请了政府福利)。我遇到的这些人被认为在更根本的意味上未能通过工作的道德考验。他们的失业象征着更深层的性格弱点。因为在这个社会里,工作是我们获得公共身份的主要途径,这些不工作者很难让别人相信他们的选择和活动是有意义和有价值的。

可怕的问题

"你是做什么的?",这个问题往往紧随"你叫什么"和"你来自哪里"。这是陌生人之间通常最先对彼此抛出的问题。按照惯例,这个问题几乎总是在询问我们的就业情况。"你是做什么的?"意思是"你做什么工作?"。如果我们大方一些,我们可能会说这个问题的提出是完全无意的。它代表的是一种社交习惯,或者一种获取信息的尝试,给交流补充某种语境让这个过程变得轻松,将对话推向某个共同基础。

如果我们刻薄一些，也许会把"你是做什么的？"这个问题看作赤裸裸的衡量对方社会地位的企图。"你是做什么的？"意思是"用一句话概括你对这个世界的贡献，我会根据你的回答来评价你"或者就是在问"你是一个值得了解的人吗？"

对我遇到的一些人来说，"你是做什么的？"这个简单的问题是社交焦虑的重大来源。布鲁斯（我们可能还记得，他是那个因病辞去工作的人）说："如果我去参加一个朋友的晚宴，或者去见一个新朋友，就会被问到那个可怕的问题'你是做什么的'，这太可怕了。我不希望被问这个问题，因为我没有答案。"在晚宴上，布鲁斯扮演着戈夫曼所称的"可耻的"角色。布鲁斯无法工作是一个隐藏信息，可能在任何时候暴露。戈夫曼描述了"遭受贬低者"的两难困境："展示还是不展示，说还是不说，透露还是不透露，撒谎还是不撒谎，以及在每种情况下还需考虑向谁、如何、何时和何地。"（Goffman，1968：57）对于有难言之隐的人来说，甚至最日常的社交互动都可能充满压力：

> 对正常人来说不假思索的例行公事，对遭受贬低的人来说却可能成为需要管理的问题……有着无法诉说的失败的人……必须像在搜索各种可能性一样时刻留意社会环境，因此可能与他人似乎更简单地就能够适应的世

界格格不入。(Goffman, 1968 : 57)

当面临曝光的威胁时,遭受贬低的人可能采取多种应对策略,而我的研究的参与者对"你是做什么的?"这个问题的回答本身几乎就是一个小课题。马修告诉我,他把这个问题看作展示自我的机会,在他比较自豪的时刻,他会毫不掩饰地说自己是失业者,并仔细观察人们的反应:

> 最近我告诉人们我没有工作,通常他们会变得很生气,但这不一定是针对我的。他们会说,"哦,你现在经历的真是太惨了",而通常我会想,不啊,实际上我很快乐。我挺喜欢不工作的。虽然经济上拮据,但是我每天都在做自己喜欢的事情。如果不是因为钱,也不是因为被[就业中心]逼着找工作的厄运即将降临,我会非常喜欢这样的状态。

马修希望,通过冒一定的风险并坦诚地表达自己对工作的感受,他或许能以某种微小的方式改变人们对不工作的看法。他说,借由这种方式他与人们开始了一些令人耳目一新的对话,但大多数人还是会以一种怜悯的眼光看待他。在这一点上,我们可以对比克莱夫,他有时在回答"你是做什么的?"时会说"尽量不造成什么伤害"。克莱夫希望用幽默改变这个可怕的问题的性质,将其提升至意识层面,促使人们对其进行思考。通过打破常规的交流方式,克莱夫希望让人们更加敏感地意识到询问工作是一种寻常但可能侵扰他人的习惯。(我的一位朋友也提出了类似的策略,他建议在婚礼上闲逛时询问陌生人"你最喜欢的拉斯·冯·提尔的电影是什么?"而不是"你是做什么的?"。)

我们可以将这些方式视为对这一可怕问题的积极回应。人们主张他们的生活方式的合法性,并将人际往来几乎视为一个微观政治干预的机会。与此形成鲜明对比的是,马修更多是在为自己辩解,或者转移人们对可能引起贬低的信息的注意。马修说,在他状态不佳或者不太自信的时候,他会轻率地编造一个荒谬的职业,借此轻描淡写地把话题从就业上引开。当别人问这个问题时,他说自己是毒贩、银行劫匪或者拍色情片的明星。相比之下,布鲁斯因自己无法工作而背上了沉重的羞耻感。面对这个可怕的问题,布鲁斯小心翼翼地管理着关于自己的信息:

> 有时我会编造一些事情,有时我歪曲事实说"哦,我毕业后在心理健康领域工作,但那只是一个短期合同,已经结束了,所以我现在是在空窗期"。有时我感觉对

方似乎有共鸣，我就会诚实地回答："是的，我有严重的健康问题，所以我只是抽出几年时间好好养病。"但即使我这样回答问题——我必须小心这一点，因为我并不总是能察觉到——其中也隐含着自责和羞愧。这有点具有防御性，你知道吗？就好像我在说，"看着，我不是流浪汉，也不是寄生虫"，而我其实不应该为自己辩解或者证明我在做的事情是对的。我不应该那样辩护，但是由于我们的文化是如此好评判，就会有这种防御心理。

如果说布鲁斯认为在社会中有必要管理自己的可能有损名誉的信息，那么艾玛似乎认为即使在包容的研究和访谈语境下，这也是有必要的。好几次，她似乎急于说服我，她真的需要休息，而不是装病不工作。

他们的描述引发了一个有趣的问题：到底是谁在评判别人？我当然没有贬低艾玛，但她依然觉得有必要为自己辩护，以对抗别人的评判。布鲁斯能够给出一些具体的例子，说明他的生活方式遭到他人的质疑，但其实，最严厉的评判来自他内心的自我怀疑。在第五章中，我们看到布鲁斯对自己的生活选择有着坚定的信念，然而我们现在可以看到，他在日常生活中仍然有羞耻感。他承认自己甚至在网购后也感到羞愧。大多数人白天都在工作场所，而布鲁斯在邮递员上门送包裹时总是在家的。邮递员是怎么想的呢?"他会知道我没工作吗?"布鲁斯曾经会这样想。在后来的一次采访中,布鲁斯进一步思考了自己羞耻感的本质和来源,他谈到了自己"内心的批评家":

> 你内心会有个大批评家,他说你在某些方面不合格、低人一等,或者说你活得不正确。如果你有心理健康问题,你内心的批评家的音量可能会被放大到极致,我内心的批评家甚至会说:"你真是个废物。"

这个内心的批评家是谁?借鉴心理学家乔治·赫伯特·米德的观点,我们可以认为,我遇到的这些人之所以感到羞耻,是因为他们违背了"泛化的他人"的期望(Mead, 1962)。在抽象思维或者米德所谓的"内部对话"中,个体"对待自己的方式会采取泛化的他人的态度,而不参考任何特定个人所表达的态度"(Mead, 1962: 155-156)。在社会化过程中,个体逐渐吸收了文化氛围中的价值观。文化的污名被内化为羞耻感——这种感觉可能会渗透到所有的人际交往中,不仅仅是那些直接表达了不赞许的人际交往。正如布鲁斯的邮递员例子所展示的那样,失业后很快每双眼睛都会成为潜在的评判来源。我们可以回想一下本章开头引用的扎瓦茨基和拉扎斯菲尔德的研究中失业男性的经历。尽管这些陌生人根本不可能知道他的就业情况，他还是低着头走在街上，因为他想象每个人都在评判他。污名已经被他个人所内化，他相信自己确实作为一个人有所不足。即使一个人在本质上是自尊的，并且相信他选择的生活方式在伦理上是合理的，他仍可能感到难以摆脱社会道德权威长期以来教给我们的对失业的羞耻感。我在研究过程中观察到，在当今的污名氛围中，任何信念都是非常脆弱的。由于对自己生活方式的边缘性缺乏安全感，那些前一刻还自信满满、条理清晰地谈论自己的道德观的人，下一刻往往显得戒备森严、极易受伤。

隔绝和支持

虽然我遇到的很多人都意识到，他们选择的生活方式可能招致污名，但他们也在努力保护自己免受那些威胁自己生活方式的评判。正如戈夫曼所言：

> 一个人似乎有可能即便未达到我们对他的实际要求，也能相对不受这种失败的影响；他由于异化被隔绝，同时被自身的身份信念所保护，他觉得自己是一个完全成熟的正常人，而我们才是不太像人类的人。（Goffman，1968：17）

回顾自己的失业经历，马修·科尔提到发展一种"局外人时髦"的可能性，这种时髦的"基础是褒扬那些对工作者和消费者群体而言'非传统的'的乐趣"（Cole, 2004: 12-13）。科尔尤为具体地回忆到，当他把一瓶伏特加偷偷带入酒馆，整晚偷偷给自己续酒时，他感受到的反叛的快感。正如我们在第六章看到的，人们有办法应对低收入生活方式中的相对贫困，我们也能注意到，人们有办法避免对他们的生活方式的污名化评判。

我遇到的一些人在这些方面做得比其他人更好。埃莉诺最终意识到，按自己的价值观生活同时又留在主流社会中是非常困难的："我觉得我总是试图为自己的生活方式辩护，我实在不想那么做了，我讨厌这样。"她的解决办法是生活在一个自治的乡村社区，在那里她享受与和她一样对工作和消费主义持批判态度的人们为伴。她喜欢归属于这样的社交圈，在这里她不必感到抱歉，被迫不断解释自己的行为和选择。我们可以将此与露西对比，露西似乎希望完全从社会交往中撤退。露西大部分时间都生活在家里，她让自己置身于一个小而严密的人际网络中，这些人能理解她无法工作的困境。她的丈夫马修在这当中扮演尤为重要的支持角色。作为一个哲学系学生，马修习惯于对公认的文化信仰做批判性思考，他鼓励露西将工作的必要性变成辩论的话题来提升自己的自尊。当露西说出人们对她抚养孩子的志向指指点点时，马修转头问她：

> 为什么不工作者会失去这种尊重？显然时代不同了。过去女人会待在家里什么的，但我希望事情没有转弯转得太急，以至于女人因为想待在家里照看孩子而被看不起，因为照看孩子本身就是一份全职工作。这是值得自豪的事情。我并不是说女人不应该工作，但不工作应当是一种选择，无论选择哪一种都不应该受到谴责。

在这对夫妇的整个访谈过程中，马修经常采用米尔斯称作"社会学的想象力"（Mills, 1959）的思维。米尔斯认为，社会学思维的好处之一在于，它能将个人困境与更广泛的文化和结构性力量联系起来。社会学的想象力有望使那些原子化的个体超越被动忍受羞辱的境地，成为自觉的批判者，批判那些塑造了我们生活其中的文化环境的社会规范和价值观。马修希望通过自己的干预，让露西少怀疑自己，多怀疑周围的世界。

在朋友无法陪伴的情况下，一些参与者转而从文学中寻求这种支持。迈克说："我的几个朋友散落各地，我无法立刻把他们叫出来。但我书架上的书能在我需要时给我慰藉，它们就像我的支持系统的一部分。"有几位参与者热衷于推荐工作主题的书。比如亨利·梭罗、威廉·巴勒斯或杰克·凯鲁亚克——文学界最著名的自由职业者和不工作者——以及汤姆·霍奇金森的《悠游度日》（Hodgkinson，2004）、鲍勃·布莱克的《废除工作》（Black，1986）等一些广为人知的批判文本——都是闲人联盟成员一再向我推荐的。这些书让人们感觉自己作为非工作者的身份得到了认同和确认，同时也让他们有机会形成一种更一致和明确的道德观。这些文本帮助人们在放弃工作伦理的同时，找到自己作为非工作者的定位，制定新的道德准则。这或许也可以解释埃莉诺为什么对自己没有花更多时间阅读和写作与其价值观一致的东西而感到遗憾。她表达了强烈的渴望，希望梳理清楚自己作为不工作者的伦理观并表达出来，这也是她乐于参加这项研究的原因之一。

除了个人或者文学里的朋友，我遇到的与闲人联盟有关的人，也从更广泛的认同圈子中受益。在和闲人联盟成员相处的过程中，我很快发现，这个团体与其说是一个具有政治目标的社会运动团体，不如说是一个社交网络，成员将其视为友情和认可的来源。闲人联盟的联合创始人安妮以成员视角谈到了闲人联盟的吸引力：

> 我觉得对很多人来说，在日常生活中没有人能理解

他们的哲学或者看待世界的方式，他们会变得很内向，因为没有可以倾诉的对象。他们可能会变得很孤立，我对此感到难过。他们可能不会再给别人交流的机会，因为觉得"我和他们不在同一个频道"，或者，你知道，"没有人能理解我"。这就是为什么对很多人来说，闲人联盟就像一个避难所，在这里他们能得到理解。

我遇到的几个闲人都向我证明了安妮的观点，他们告诉我，他们在家时通常会让闲人联盟的在线留言板保持后台运行。留言板非常活跃，在我写这篇文章时已经有2037名会员和数百名未注册用户。除了是一个分享省钱、自给自足等实用技巧的论坛，留言板还为人们提供了宝贵的机会，让人们在与志同道合的伙伴的交流中体验归属感和舒适感。意识到社区在情绪连接上的作用后，闲人联盟的创始人希望在英国各地组织更多线下的定期聚会。在那些我能够参加并且观察的聚会中，我很快就发现，这些活动显然并不是为了政治动员和严肃的伦理辩论，只是为了开心。这种氛围反映了海文和卡斯纳比什对社会运动的描述，即社会运动是"动荡世界中的避难岛"：一个提供友谊、团结、浪漫和赋权感的空间（Haiven and Khasnabish, 2014：10-11）。虽然闲人们并不积极推动社会变革，但他们确实致力于在小范围内预演他们期望看到的那种世界——一个既重视个性又重视共性，既有激情又有理性，让人感到被接纳的世界。人们大快朵颐、喝得酩酊大醉、听现场音乐、享受和志同道合的人们联结的归属感。闲人联盟尤其强调让人们感到被接纳，该组织的名称或许就体现了这一点。作为邀请人们团结起来的一面旗帜，"赋闲"意味着一种轻松幽默的反抗。它轻蔑地重新启用一个贬义词，并将其用于一种激进的目标。我的印象是，无关阶级观念、政治事业或左右之争，"赋闲"这个口号成功团结起了各种背景和性格的广泛人群。

没有像闲人联盟这样的社群提供社会承认的温暖光芒，抵抗的意志很容易消沉。我们可以看到，在里斯的例子中，他认为与相同价值观的人的联系日益减少，打击了他以不同的方式生活的决心："在我的亲友中，[另一种生活方式]并不在他们的关注范围内，我想这就是我将它搁置一旁，去大学里找一份工作的原因。"杰克总结了这些孤立的闲人们的困境：

> 对我来说，社群是一切事物的关键，如果你没有社区，那么发生在你身上的一切都是孤立的。任何群体都需要定义自己，他们需要来自彼此的扶持。没有社群，你不知道自己要往何处去，然后你猜会怎么样呢，回到

过去，回到朝九晚五的工作和我们社会中一切令人沮丧的事物中。

抵抗文化的益处在于，它给人们提供了一个机会，让他们走出被动忍受屈辱的状态，积极捍卫自己的伦理观和实践。然而，最终似乎还没有任何社会运动有能力将工作从其社会中心的宝座上推下来。至少在不久的将来，工作仍将继续作为人们的收入、权利和归属感的主要来源笨拙地运转着，还没有一个社群具备足够的追随者、资源和组织水平来对此提出重大挑战。我在调查结束时面临的问题正是，我所观察到的在社会缝隙里日益蓬勃的拒绝工作的个案，能否以及如何转化为对所有人都有意义且所有人都向往的社会变革。

第八章

从逃避到自主

人生规划描绘了我们的存在方式。我们的职业生涯、婚姻、兴趣爱好、子女和经济状况,都已经在前方规划好了。但有时,当我们扫视这些地图、穿越这些路线、追随那些标志时,我们会感到这趟旅途的可预见性、规划的准确性,以及今天的路线与昨天大同小异,这让我们极其不安。这就是生活的真谛吗?为什么每日的旅途都充满了无聊、惯性和例行公事的感觉?

——科恩和泰勒《逃避的尝试》(1992:46)

上述引文中,科恩和泰勒反思了当我们意识到我们的生活受制于预先设定的规律时所产生的恐惧感。"我们的上班路线、穿的衣服、吃的食物,都在明显地提醒我们,这可怕的单调感。"(Cohen and Taylor, 1992:46)我们被一种毫无征兆的可怕感觉填满,生活先是由公司老板、工作目标和工作流程决定,回家后又受困于已经被消耗殆尽的时间和精力。对于本书讨论的这些人来说，这种单调乏味的感觉是如此强烈，足以促使他们探索其他的生活方式。在实际条件允许的情况下，他们努力推开工作，以更符合自己价值观和价值排序的方式生活。他们重燃对之前忽视的兴趣的热情，也开始培养新的爱好；花更多时间放松、呼吸新鲜空气；或是更积极地参与社区活动，花更多时间照料他们年迈的父母、子女和自己。其中一些人甚至彻底放弃了工作。

对我们大多数人来说，放弃工作似乎是一个极端的解决方案，而且减少工作并不总是一个切实可行的选择，这是可以理解的。当周期性的不满情绪在心中升起，我们大多数人会诉诸一套更熟练的逃避策略。我们在脑海中与"例行公事的魔鬼"做斗争。一些常见的策略可以归类为"副歌"——通过精神的痉挛和片刻的幻想，我们得以暂时离开横亘在眼前的无趣现实。"副歌"可以是我们脑海中反复播放的一首小曲，也可以是做做白日梦。科恩和泰勒这样写道，在任何时刻，我们都可以"在脑海中按下开关，对我们所面对的具体世界进行一些奇怪的调整"（Cohen and Taylor, 1992：90）。我们可以剥光别人的衣服、暗杀老板或者在脑海中想象一个与眼前完全不同且令人更愉悦的场景。酗酒和吸毒可以让我们暂时从现实中逃脱出来，而有的人依赖于一年一次的出国度假。许多人对日常生活如此不满，以至于有时候甚至欢迎疾病。一个朋友最近给我发了这样一条信息，他很高兴自己得了神经炎："今天我一直努力享受时光，我读《玩笑》（一本小说）、骑行、做可丽饼、浏览书架。突如其来的闲暇唤醒了我脑海深处那些渴望释放的创造力。现在各种想法和念头在我脑中纷飞。"在工作的世界中，我们惭愧地共享同一个秘密——我们常常渴望无法胜任的时刻，从而快乐地逃避责任，得到宝贵的喘息时间。然而，"副歌"策略的问题在于，它带来的兴奋感并不能一直持续。一次出国度假可能会带来远离日常的可能性世界的新鲜触感——回到家后，我们暗下决心，要过更放松的生活、吃更多有趣的食物、重新联络过去的朋友——但没过多久，庸常的生活会接管一切，我们再次被琐碎的日常淹没。如果想让暂时的逃避变得更长久，一个人就会陷入麻烦。

我们还有哪些逃避路线？戈夫曼所说的"与角色保持距离"或许是比较常见的逃避策略之一（Goffman, 1972）。与角色保持距离意味着试图向他人表明，我们对自己所处的某个角色感到不适和不满。戈夫曼举例说，一个大一点的孩子在旋转木马上打闹，公然蔑视安全规则，目的就是向别人表明，虽然他在坐旋转木马，但是他如此轻率，已经超越了"骑旋转木马的人"这个幼稚的角色。在职场上，与角色保持距离可能表现为一些类似的展现不服从的小动作：在团队

第八章　从逃避到自主

会议上开小差、马马虎虎地处理文件或者有意露出怀疑的表情（英国版《办公室》里马丁·弗瑞曼饰演的主角蒂姆完美地诠释了这一点）。

根据弗莱明和斯派塞对现代组织文化的研究，他们讨论了相关的愤世嫉俗策略（Fleming and Spicer，2003）。在当今情感要求极高的工作环境中，犬儒也许是一种较为常见的逃避策略。当改变系统的可能性看上去超出我们的个人能力时，犬儒就成为最后一搏，让人们创造出一个不受工作要求束缚的自由空间。正如第二章中凯瑟琳·凯西对赫菲斯托斯公司的研究让我们看到的，管理者试图精心设计工作认同的做法有时会适得其反（Casey，1995）。员工会怀着不信任感，犬儒地拒绝认同工作文化，从而努力保存自己的个性。戴维·柯林森的一项研究表明，体力劳动者将建立追求卓越文化的举措称为"美国佬的宣传"，把公司通讯邮件称为"戈培尔[①]公报"（Collinson，1992）。这些犬儒文化无疑可以作为劳工斗争的重要武器，然而，只有当工人们也坚信另一种选择可行时，它们才可能发挥作用。弗莱明和斯派塞认为，犬儒本身实际上是一种非常保守的力量：

---

① 希特勒的宣传部部长。

> ……犬儒的员工给人（也给自己）的印象是，他们是自治的主体，但他们仍然奉行公司的制度。当我们拒绝了对规定的社会角色的认同时，我们通常仍在*扮演这些角色*——讽刺的是，有时甚至扮演得比我们认同这些角色时更好。（Fleming and Spicer, 2003：160，强调为原文所有）

犬儒是一种反叛方式，但它通常不会触及权力的基础。就像本书前面提到的"快乐文化"的管理风格一样，犬儒的反抗策略让员工享受少量表层的自由，从而安于被统治的地位。弗莱明和斯派塞举了一个令人印象深刻的例子：麦当劳的一名员工因为不赞成公司的价值观（团队合作、清洁、顾客服务等），在工作服下面偷偷穿了一件印着"McShit"的T恤。作者认为，虽然她对时尚的越轨品味让她保存了自己的个性，但只要她继续表现得*好像*认同麦当劳的价值观，那这种不赞成归根结底还是浮于表面的（Fleming and Spicer, 2003：166）。

与角色保持距离、犬儒和拒绝认同的逃避尝试确实为我们提供了宝贵的喘息空间，使我们能够更少感到受工作要求的妨碍以及更像自己，但同时也让我们继续忍受我们的角色所设下的限制："我们可以饶有兴致地看待大学或办公室生活的传统，以及我们作为教师或管理者的角色，这实际上确保了我们仍然处于这些传统和角色中。"（Cohen and Taylor，1992：56）比如在周末看一部票房大卖的反资本主义电影，穿一件切·格瓦拉的T恤或者在Facebook上点赞一个政治页面，费舍尔认为，犬儒常常在进行的是一种"姿态"式反抗——这种抵抗方式提供了一种赋权的假象，但最终世界并未改变（Fisher，2009）。

作为摆脱工作那些恼人的方面的方法，通过消费进行逃避体现了与"副歌"或犬儒策略相似的弱点。即使购买消费品通常让我们感到非常愉快，给我们带来了美妙的宽慰、表达和享受的机会，但正如我们在第六章中强调的，消费主义的愉悦形式有着更令人担忧的一面。和副歌一样，消费的乐趣往往是短暂而转瞬即逝的，更不用说这种享受还依赖稳定的收入来源。虽然我不想堕入"无处可逃"的悲观主义，但我认为最重要的是，我们要继续扪心自问，资本主义通常提供和准许的逃避策略是否代表了一种真正的解放，还是只是提高了我们对我们所试图逃避的那个有毒环境的容忍。如果说对社会替代方案的渴望是我们内心熊熊燃烧的烈火，那么我认为，上述相对无害的逃避策略就像洒在火焰上的细密水雾——就算不会完全扑灭，也会暂时抑制住火焰。当我们忙着在心中讥讽老板、让别人相信我们有工作以外的一面，或者花辛苦赚来的钱分散我们对自身异化的注意时,时间在流逝,我们的身体在变老。现实中被容许的那些逃避路线通常是令人愉悦、立刻见效的,但它们也是自相矛盾、暂时性的,它们训练了我们的容忍程度,让我们更深地扎根于我们寻求解脱的环境中。如今最容易被接纳的逃避途径可能会让人获得短暂的喘息或者对自由的惊鸿一瞥,但它们最终体现的是一种浮于表面的自由。这是私下批判工作、暂时逃离工作要求以及在消费品之间做选择的自由,但不是选择不同生活方式的自由,不是以民主的方式参与创造真正的社会替代方案的自由,也不是对人们正迫于生计出卖生命的事实做出抗议的自由。

正是有鉴于社会中最常见的逃离路线的愚蠢和自相矛盾,我想将我在研究过程中遇到的拒绝工作者定位为一种更具救赎性的替代选择的代表。这些人相信,通过他们自己的行动,有可能改善自己的生活。我也相信,他们在抵抗工作时所追求的——无论成功与否——是一种比上述方式更为根本的逃避。也许"逃避"这个词根本不恰当,他们奋力追求的是更真实的自主性。尽管几乎所有宣传都告诉我们,工作是身心健康的源泉和"发挥潜力"的途径,但在实际情形中它却似乎常常阻碍人们的创造力和协作能力。我遇到的人们都觉得他们受到工作角色的限制,并试图开辟一个可以自由发展各种兴趣和能力的空间。

从本书的案例研究中，可以得出一些结论，但促使我反思最多的事情之一是，人类的幸福在多大程度上取决于价值观和行动之间的连续性。毕竟，正是在这两件事——理想和现实——令人痛苦的割裂中，滋生了不快乐并出现了断点。用最简单的话来说就是，我们可以注意到，当人们有更多时间做自己想做的事情时，他们会更快乐。这个认识既可以是极其平庸的，也可以是极其深刻的——这取决于我们愿意多么严肃地看待它：

> 人们在做身心都能得到满足的事情时会更快乐，这似乎是显而易见的，然而，尽管这句话表面上平淡无奇，令人惊讶的是，日常生活中似乎很少有人能做到这一点，人们留给自己的时间少之又少，我们能看到的日出寥寥无几，我们与所爱之人在一起的时间微乎其微。（O'Mahoney, 2014：242）

在本书的前几章中，我试图展示人们拒绝工作的理由中的良好的道德意识。通过研究抵抗工作者的自我认识，我试图打破社会上对这个群体的普遍刻板印象，即认为他们是社会的异类，缺乏道德底线或生活空虚。我希望这些章节中所包含的洞见有助于将工作及其在现代社会中的中心地位非自然化。在分析的过程中,我们已经看到了一些可行的抵抗工作的方式。我们也看到了在一个以工作为中心的社会中,如何愉快地减少对收入的依赖,以及人们为了避免因抵抗工作带来的耻辱感和孤独感而采取的一系列策略。总的来说,我遇到的一些人似乎已经成功地将工作从生活中推开了,并且会在可见的将来继续享受这种成功。他们的故事证明了个体能动性的强大力量。尽管我承认这一点,但我最终还是认为,个人层面抵抗工作的力量是十分有限的。

无论我们如何批判当前以工作为中心的社会以及它对想象力的限定,这本身并不能改变工作仍然被社会建构为收入、权利和归属感主要来源的事实。在如今以工作为中心的社会背景下,公平地说,对工作的任何实质性抵抗仍然只能是来自那些勇敢者、意志坚定者、有应急收入来源的人或因健康和个人原因而无法工作且没有太多选择的人。考虑到社会对更短工作时间的限制,我们必须提出这样的问题,社会能否以及如何组织起来,使每个人都能从资本主义生产发展所节省的时间中受益。对于本书开头介绍的安德烈·高兹等思想家来说,抵抗工作始终被构想为一项集体的而非个体的事业。因此,任何对工作进行批判的严肃尝试都必须超越个人的伦理和享乐问题,考虑在更大范围内重估工作的前景,建立起结构性变革的基础，以便每个人都能享受更大程度的自由。伦理反思和自我批判是任何想要与工作教条对抗的努力的重要组成部分，但挑战这种教条也必须涉及社会批判和集体政治行动。下一步将何去何从，不是个体的选择，而是社会的选择。

迈向时间政治

近年来，我们看到最接近有组织的减少工作的运动的，也许就是争取更多"工作生活平衡"的运动。在英国，围绕工作与生活平衡的讨论在2000年代初，随着英国贸工部官方发起的"工作生活平衡"运动达到顶峰。该运动宣称目标是"通过呈现真实的案例研究，使雇主相信工作与生活平衡的经济效益，让他们相信变革的必要性"。该运动特别关注那些工作时间最长的经济部门，并承诺在五年内努力"协助雇主为员工提供更多选择，让员工能够控制自己的工作时间"（贸工部，引自Shorthose，2004）。在该运动期间，从记者到社会学家到人力资源专家，各方声音都参与到在工作和非工作活动之间公平地分配时间的重要性的辩论。这场辩论主要集中在家庭时间的优先级上，而"工作生活平衡"这个词悄无声息地进入了日常语汇。

这场官方运动所激发的研究为人们提供了丰富的证据，

揭示了长时间工作对健康和家庭生活造成的负面影响，因而也使得与工作时间有关的一些议题更易理解，这当然值得肯定。然而，归根结底，工作生活平衡的说辞很难推动当今以工作为中心的社会的真正替代方案。梅丽莎·格雷格将工作与生活平衡的说法描述为一种"意识形态的诡计"，其总体影响是将应对工作要求的责任推到个人身上。受其启发开展的一系列培训活动——"处理压力""面对变化"和"时间管理"的工作坊——都在传达同样的信息：自己要为自己的承诺负责，如果你难以应付，那就是你的问题（Gregg，2011：4-5）。"工作生活平衡"或"简单生活"这些时髦的观点在大多数情况下都与新自由主义意识形态一致：这种意识形态教导我们，一切都掌握在自己手中，我们可以自由地根据自己的意愿塑造生活。如果你感到挣扎或疲于应对，这种意识形态会坚持认为只是因为你的个人选择不够正确，你必须开始自我改造的工作，从而能够做出更好的选择（Salecl，2011）。正是在这种意识形态的影响下，西方人开始远离政治和集体行动，转而沉迷于追求自我完善、个人幸福和完美的健康状况（Cederström and Spicer，2015）。

也许，"工作生活平衡"运动的持续影响是使工作者变得去政治化，而非鼓励他们追求实质性的变革。用这种调和的方式，这场运动将工作与生活平衡说成是工作者和雇主的

"双赢"局面：工作者赢了，因为他的压力减轻了，雇主赢了，因为他的注意力和工作效率提高了。然而这一框架掩盖了工人和雇主之间根本的利益冲突（Shorthose，2004）。工作与生活平衡的理念被管理层采纳，再次证明了资本主义具有非凡的能力，它能削弱一个潜在的激进想法，并以能够获取商业利益的方式把这个想法还给人们。工作生活平衡论调的失败之处在于，它没有从根本上叩问工作的意义，也没有质疑工作履行其社会功能的能力；它只允许我们低声下气地请求能少工作一点（通常是为了承担其他责任，比如照顾家人）。它试图在现行体制内容纳我们对该制度的不满，阻碍了我们以开放的方式对其他选择进行真正的比较。对于那些为经济条件所迫而仍然不得不长时间工作的人来说，它没有提供任何东西。

如果我们要向以工作为中心的社会提出真正的挑战，我认为我们就不能只告诉人们"平衡"的好处。我们需要更大胆一些，开始讨论组织和分配工作的不同方式，以便给每个人更多的自由时间。与其说我是在倡导工作与生活的平衡，不如说我在倡导安德烈·高兹所说的时间政治：对社会中工作时间的数量和分配问题进行开诚布公的共同讨论，让每个人都有更多的自由去实现自主的自我发展。其中强调的是，工作问题本质上是政治性的，因此也需要政治性的解决方案：

> [解决办法在于]界定新的权利、新的自由、新的集体保障、新的公共设施和新的社会规范,按照这些条件,工作时间和活动的选择将不再处于社会讨论的边缘,而是社会新蓝图的一部分。(Gorz, 1999 : 65)

高兹经常把他的新社会称为"选择时间的社会"或"多元活动的社会",不过我们可以选择自己喜欢的名称。这个社会最重要的特征之一是在全社会范围内推行更少工作时间的政策。这项政策通过改良必要工作的社会分配以减少失业率。将现有工作时间更均匀地分配给全体人口,能够扭转社会不断加剧的分化——一边是职业精英,一边是大量失业、就业不足或临时就业的人(Gorz, 1989 : 92)。我们每个人都将减少工作,从而使更多人能够工作:

> 与其狂热地争分夺秒地制造毫无意义、低社会效用或者压根儿没有社会效用的新工作,不如寻求更公平地分配需要完成的工作,从那些我们选择不再做的工作中获得闲暇和创造财富。(Hayden, 1999 : 34)

长期的目标应当是重建社会,使工作不再成为收入、权利和归属感不可侵犯的来源。随着自由时间的延长,人们将利用自由时间从事各种生产性和非生产性的活动，每种活动都将根据他们自己自主的审美和效益标准进行。非工作时间将不仅仅是我们工作时间的镜像一样的存在：它将"不再是用于休息、放松和恢复的时间，次要于工作生活或仅仅作为其补充的时间，或是无所事事的时间——这不过是各种强迫性的、不由自主的工资奴隶的对立面，或是用于消遣——这是因单调而令人麻痹和筋疲力尽的工作的对应物"（Gorz，1989：92）。社会发展的指导思想将是人们能够追求和发展各种兴趣和能力的自由度。有了更多属于自己的时间，我们就能更多地为自己工作，从而不再依赖经济领域来满足我们的一切需求。在经济领域，需要将日常活动变为有偿工作的数量将大幅减少。新的文化价值观将体现在建筑和城市设计的新方法中，也就是鼓励和支持个体之间的自主合作。城市、城镇和公寓楼将成为交流、合作和交换的开放空间，共享工作坊和公共区域将促使志愿网络和非正式组织的生产活动的发展（Gorz，1999：100-102）。这与北美和英国当前的趋势相反，即城市空间的商业化和私有化不断升级，主要服务于孤立的和依赖性的消费者（见 Zukin，1995；Minton，2009）。

从当前的视角看来，多元活动或基于文化的社会构想看似过于崇高且遥不可及，但它们在当下的主要作用是激发人们的想象力。我们需要的不是一夜之间发生的自上而下的政策变革，而是一个集体探索和公开辩论的渐进过程。事实上，民主辩论目前之所以奄奄一息，原因之一或许在于忙碌的生活让我们没有太多时间去研究政策、组织成集体或去了解我们的社区正在发生什么。民主的力量取决于人们是否有时间介入和参与这一进程。时间政治与过去规划好的乌托邦的不同之处在于，前者并不寻求将人们纳入某个预先计划好的乌托邦计划中，而是逐渐将他们从规定的角色中解放出来，给他们成为政治上活跃的公民提供时间。对缩短工时的要求"既不规定革命性替代方案的愿景，也不是在呼吁革命，而是让参与者加入到创造更广泛的变革方法和愿景的实践中来"（Weeks，2011：222）。也许可以抱以希望的是，越来越多的闲暇时间能允许人们建立新的合作、交流和交换关系，从而成为构筑自己未来的参与者。

对时间政治的呼吁意味着邀请人们开始根据一套人道主义的理想来拆解工作教条，许多学者和活动家已经行动起来了。我们可以看到，如今，越来越多的经济学家对把GDP增长作为衡量社会繁荣指标的有效性提出质疑（Jackson，2009；Lane，2000；Sen，1999；Stiglitz et al.，2010），社会研究者和哲学家则对人类繁荣与资本主义对物质利益的追求之间的关系提出质疑（Schor，1998；Soper，2008）。在针对工作时长的具体问题中，我们可以找到一众机构正在打破一周五天、每天朝九晚五的传统工作制。英国新经济基金会认为，削减每周工时会带来一系列可能的社会和环境效益（Coote et al., 2010；Coote and Franklin, 2013）。它的出版物同时指出我们曾拥有的六十小时工作制的过去和可能的二十一小时工作制的未来，促进了每周工作四十小时这一理念的去自然化。不过，像新经济基金会这样的组织所做贡献的真正力量在于，它们助力把关于工作的辩论推向超越传统批判和推测的范畴。该基金会的出版物遵从埃里克·奥林·赖特的一些建议，即应该通过展望"真正的乌托邦"来追求社会和政治正义。这需要比批判性诊断和未来主义幻想更进一步，对哪些替代方案最可行、最理想进行系统性的分析。这还包括研究当下，以便确立最有效的抵抗和社会转型因子（Wright, 2010）。我们希望，对一个不那么以工作为中心的社会的论证将朝着这个更切实际的方向发展，并在这个过程中变得更公开、更鼓舞人心。

如果能够吸取现有替代方案实验的教训，那么这样的讨论将更具说服力。一些欧洲国家已经在工作时长领域获得了改革者的赞誉。在法国，有两部法律（一部颁布于1998年，一部颁布于2000年）将每周工作35小时定为新的规范，而不是传统的40小时。到2004年时，德国的工会也实现了约五分之一劳动力每周只工作35小时的目标。德国削减工时的做法在2000年代中期遭到了很多雇主的抵制，但现在，缩短工时的做法又再次作为一种解决失业问题的方法被提上政府议程（荷兰、丹麦、挪威和比利时等国都有许多小规模胜利的例子［Hayden，2013］）。最近一个例子是瑞典哥德堡市2014年在不减薪的前提下为公共部门雇员实行六小时工作制的提案。哥德堡市副市长马茨·皮尔海姆坚信，该提案不会对生产率产生负面影响，因为一个不可否认的事实是，大多数雇员很难在典型的8小时工作制中始终集中注意力（Withnall，2014）。

最后我们可以看看英国的绿党，他们已经将缩短工作周变为一项经过成本核算的官方社会政策。为了更公平地分配现有工作，让人们享受更多的闲暇时间，该党承诺致力于在英国建立每周工作35小时的制度，并坚持捍卫政府在最长工作时间方面的规定。该政策是绿党更广泛承诺中的一个关键要素，即承认正式经济之外的活动和各种自行组织的形式的价值，其官方政策大纲将工作定义为"人们为养活自己、支持家人和社区而从事的所有活动"（Green Party，2014b）。威尔士绿党的一份声明补充道，"我们用于知识、发明、互动和即兴的能力几乎是无限的"（Green Party，2014a），绿党削短工时的政策旨在为这些活动和能力的繁荣发展创造更大的空间。

工作时长方面的创新者面临的更大难题之一当然是，如何在减少工作时间的同时又不使低薪工作者损失收入。对于大多数支持向不那么以工作为中心的社会转变的人们来说，任何削减工时政策中一个不可或缺的要素都是：不再将工作作为社会收入分配的主要方式。人们意识到，工作的稀缺性和不稳定性已经使其不再是适合的收入分配手段，因此他们认为现在应该将工作与收入解绑，探索其他财富分配制度。在欧洲和北美，最受学术界和社会活动家欢迎的替代方案是基本收入。[1]其原理简单易懂，正如罗素早在1918年阐述的那样："应确保所有人都有一定的小额收入，足以满足生活必需，无论他们工作与否。"（Russell, 1918）基本收入基于这样一种信念，即每个人都应该获得满足基本需求所需的资源，这一方案在设想中要确立一个收入不低于此的基准线。希望增加收入或追求职业生涯的公民仍可通过传统的有偿工作渠道实现这一目标，但基本收入将保护社会中的每个人免受贫困威胁。这个方案的期望是，人们在摆脱饥饿威胁后，能够发展出各种兴趣和能力，毫无畏惧地争取更好的工作条件，并在工作之外过上更丰富多彩的生活。

该政策有两个新颖且不可或缺的要素，使其区别于当下的福利政策。首先，基本收入是普惠性的，作为国家公民的权利，人人都可获得；其次，基本收入是无条件的，无论个人是否工作或有其他任何形式的社会贡献，都可获得基本收入。通常的主张还认为基本收入应该是一种个体应得的东西，应根据每个人的个人权利支付给每个人，而不是支付给一个家庭单位的指定户主。该政策的更多细节仍需进一步商讨，诸如满足基本需求的合理金额是多少、该金额是否需要随生命周期变化，以及儿童如何纳入该计划等问题。如果说基本收入看起来非同寻常，那么值得注意的是，在欧洲的一些政党（包括英国绿党）中，它已经作为一项经过成本核算的官方社会政策存在。[2] 如今，基本收入已经不再是一个学术奇观，人们对它的兴趣似乎正在增长。学术界和活动家们都在从不同角度研究基本收入提案，讨论其道德和哲学依据、经济和政治上的可行性，以及对自由和社会公正的潜在益处。（Widerquist等人编辑的文集收录了涉及这场辩论的各个主题的文章［Widerquist et al., 2013］。）

本书无法涵盖对缩短工时的政策或替代性收入分配方案的详细分析，但公正地说，不能把这些政策当作包治百病的灵丹妙药。减少工作带来的潜在好处不会自动兑现，任何政策变化的可行性和官方目的都需要经过认真讨论。就目前而言，很难想象工作时间的大幅削减，因此，社会活动家们继续为改善工作条件和提高能应付生存的工资的努力也很重要。显然，一个更少以工作为中心的未来的要求能否以及如何有效地与改善工作条件和提高应付生存的工资的迫切需求有效结合起来，对此我们还需要仔细思考。尽管如此，我认为上述替代方案是"一切照旧"的混沌泥潭中令人耳目一新的一线希望。它们提醒人们，"正常"是一个流动的范畴，随时都有重塑的可能，同时它们也是一个充满希望的迹象：许多人正在思考以工作为中心的社会的替代方案。让我们从不同的声音（无论是社会活动家、哲学家、研究员，还是本书介绍的抵抗工作者）中汲取灵感，一起开始拆解工作教条，审视社会对工作的执迷，社会将其视为收入、权利和归属感不可替代的来源。让我们指出当今以工作为中心的社会的病态特征，并且坚信未来可能会有所不同。

路在何方？

尽管一个不那么以工作为中心的社会的前景听起来很吸引人，然而消极的一面是，目前似乎不存在任何有发展时间政治的潜能的文化运动。我在本书探讨的对工作的抵抗，与其说是一个成形且连贯的政治项目，不如说是一种心态或可能性更准确。那些抵制工作的人，无论我们如何定义他们，并不具有整体的使命，也没有公共的发声，没有超越共同经历的真正团结。我们在他们身上看到对工作的文化幻灭，但这种幻灭感尚未找到集体表达或政治手段，而对"工作然后消费"这种生活方式的日益不满能否转化为真正的社会替代方案，还有待观察。人们的心态已然发生变化，但"严重缺乏的是对其意义及其潜在的激进主义的公开诠释"（Gorz, 1999：60）。有鉴于此，我们能做些什么来抵制工作教条呢？

1. 敞开讨论的大门

我的第一项建议是敞开讨论的大门。首先最重要的是，敞开大门需要工作批判家们做出更加协同的尝试来吸引公众，而不是只面向少数学界人士。我们希望看到的是，对工作和失业活生生的现实进行更多公开调查，帮助人们认识到神话般的工作神圣性与人们实际经历中令人不安的现实之间的矛盾。这样一个项目可能需要明确地致力于向广大民众表明，工作存在共同的结构性问题，并非某个雇主或工作场所的对抗者特有的问题。

敞开讨论的大门，还需要说明有多少通路可以走进批判性讨论。最近的许多文章都强调了迈向一个不以工作为中心的社会的生态理由，他们意识到如果将生产力的增长导向更充裕的时间而不是制造更多的消费品，可能会给环境带来好处。有人推测，拥有更多自由时间的人可能更有能力也更倾向于参与环境友好但更花时间的活动，比如骑自行车而不是开车、修理而不是丢弃、自制而不是购买包装商品（Hayden，1999；2013）。正如我们在第六章看到的，我自己的案例研究里有一些初步证据,证明时间对于过上更加环境友好的生活方式的益处,这些证据表明,如果人们获得更多的自由时间,他们很乐意减少图方便的消费或补偿性消费。

如果生态环境是进入讨论的一个可能通路,那么其他人也可能会出于公众健康的兴趣加入讨论。2014年,公共卫生领域的领军人物约翰·阿什顿建议推行每周四天工作制,以此解决从高血压到焦虑、抑郁等一系列的健康问题。他将这些疾病令人担忧的发病率部分归因于工作分配不均,它导致一些人因长时间工作而影响健康,而其他人则因失业和贫困而焦虑不安(Campbell,2014)。我们希望在不久的将来看到的是,关于公共卫生的讨论能够更加坚定地直面疾病的社会根源。批评家马克·费舍尔称此为将疾病"重新政治化"的努力,他认为压力和其他现代情感障碍是"可捉摸的不满"的形式:是更广泛的系统性不和谐的局部迹象,社会分析家的职责正是解读这些迹象并将其发展为对政治现状更广泛的批判(Fisher,2009:80)。从这个角度来看,压力、焦虑、抑郁等问题与其说是个人问题,不如说是对当今以工作为中心的社会及其固有问题——不安全感、异化和常常超过身体恢复能力的生活节奏——的深刻控诉。我们不应该把现代疾病视为必须经过专业评估和医学治疗的个人病症,而应该认识到,以工作为中心的社会压力造成了一种情况,在这种情况下，保持理智实际上可能正是一种癫狂。换句话说，我们应该认识到，我们身体的极限和我们星球的极限正在提醒我们，社会需要变革。

还有一些可能进入讨论的路线。一些女权主义者开始对削减工时感兴趣，她们认为这样的政策可以使有偿和无偿劳动在男女之间更加平等地分配。这种观点认为，削减工时加上更公平的工作分配，可以提高女性在劳动力市场的参与率，并让男性有更多时间参与家庭生活。因此，缩短工时是解决许多妇女习以为常的"两班倒"问题的一个可行办法，因为她们从事有偿工作的权利还没有与免于家务劳动的补充权利相匹配（参见Hochschild, 1990）。尽管强调家庭生活的重要性在言辞上很有诱惑力，但我们应该警惕仅仅基于"家庭价值"来论证减少工作的必要性。强调家庭时间的一个弱点在于，它将减少工作的论点禁锢在责任和义务的词汇中："在我看来，问题在于，用无偿工作的道德化来主张减少有偿工作，阻碍了对主流工作价值观进行更广泛或更坚持不懈的质疑。"（Weeks, 2011：159）

本书的词汇不是责任和义务的词汇，而是自由的词汇。我的主要关注点是我们渴望逃离现实工作生活的困扰，我相信，减少工作最关键的优势在于它能让我们过上更加丰富多彩、更加快活的生活。就我而言，呼吁减少工作最具说服力的一点是它赞美了人类的自主能力:"这是重新表现和重新创造自我及人际关系的能力,在可见的范围内设计我们自己的生活的自由。"(Weeks,2011:168)——而以工作为中心的社会通过异化和殖民的过程阻断了这种能力。然而,归根结底,如果我们想建立一个反对工作的有力论证,我们就应该花一些时间认识到当今批判性文本涉及的广泛范围。社会活动家们应该强调,对工作教条的抵抗可以同时是为了环境、健康、性别平等、家庭、自主性,还有别忘了享乐,而做出的抵抗。

2. 积极关注社会的局外人

对工作教条的研究干预需要研究人员积极关注社会边缘人群的价值观和实践。我在此想象的研究人员的角色是,利用自己的技能和洞察力,与拒绝工作的运动团结一致。马克斯·海文和亚历克斯·卡斯纳比什认为,当今社会研究被学术机构垄断,研究人员往往是在对社会运动做研究,而不是与社会运动并肩作战。研究者的角色往往是自上而下的"趁机介入",致力于运用学科视角进行研究,并为学术界提供有用的知识(Haiven and Khasnabish,2014:13)。然而正如迈克尔·毕利希所言,与这些研究事业相关的出版物往往晦涩难懂,并总是自我指涉的(无论如何,这些出版物在学术界之外往往是不见天日的)(Billig,2013)。与海文和卡斯纳比什一样,我也希望看到研究人员能够自信地为自己辩护,他们与社会运动团结合作,以实现社会变革为目的,而不是相反,为了创造学术资本而对社会运动做研究。

为了促进对拒绝工作的长期研究,研究者需要以积极的心态接触社会边缘人群,不仅将他们视为被排除的个体,需要重新融入社会,还要将他们视为反对工作的潜在灵感来源。一门具有解放性的社会科学应该抵制基于工作和消费主义的规范化生活方式,并避免暗示偏离这一规范必然会带来匮乏和羞耻。我们希望看到更多的研究项目,彻彻底底地思考那些在去技术的和微观管理的就业领域之外探索生活、合作、表达和创造的多种方式的示范性经验。我们希望看到更多的研究项目,超越经济交换关系的范畴,对用不那么传统的方式满足生活需求的可能性持开放态度。通过调查,研究人员或许能使人们更多地了解那些默默无闻的人们的创造力,他们已经在发展自己关于愉悦、自足、财富和幸福的观念,这些观念是和一个不那么以工作为中心的社会相适配的。如果研究者愿意以清晰的风格传达他们的研究成果,也许读者会从这些例子中得到启发,那些曾经各自为政或成为零碎小群体的抵抗者和局外人将获得更强的团结感和集体目标感。

3. 加入言辞之战,武装起来

在某种程度上,对抗工作教条的战斗就是一场关于语言的战斗。在本书中，我们看到了社会有能力吞噬和消化抵抗的一些例子，其手段要么是掌控激进语言，要么是把批判性交流扼杀在摇篮里。如果说曾经有人认为资本主义意识形态可以通过主张人们"做自己"的权利来挑战，那么第二章则展示了这一想法是如何被当今管理者的快乐文化所征用。如果说许多人站出来公开反对工作，那么第四章则展示了媒体如何用异端和个体病理的语言来讨论抵抗行为，从而压制和羞辱持不同意见的声音。如果工作教条的批评者想要加入这场语言之战，他们最好全副武装起来。例如，针对今天对所谓"权利文化"的道德恐慌，我们可以发展出对更为普遍的"感恩文化"的批判来予以回击。当人们迫于压力生存，开始投身于可能提升他们简历的任何形式的工作时，感恩文化就会蓬勃发展，无论那些工作是有偿还是无偿、合适还是不合适。在我所从事的学术领域，感恩文化盛行，激烈的求职竞争让刚入行的学者别无选择，只能一头扎进任何可能的工作岗位。在这个竞争异常激烈的背景下，对合同、薪酬和工作条件等问题发牢骚几乎成了一种不体面的行为。你应该感恩最开始有这样的机会（参见Brunning, 2014）。与其鄙视那些因权利感而拒绝工作的人，不如让我们所有人都变得有权利感一些，并对今天的感恩文化做出大胆的新批判。

总之，我们似乎需要在语言上更具创造性，并以暴露工作伦理已经过时的方式引导讨论。我们需要挑战经济理性，想方设法谈论非工作活动的内在价值，及其文化价值和社会价值。我们需要重新定义工作一词，以描述比雇佣工作更广泛的活动，我们需要消除一个人要么在工作，要么就没有做任何有价值的事这种错误的二分法。我们该如何命名一场反对工作的运动，这个问题似乎也相当重要。在本书中，我曾多次用大卫·坎农"有价值的伦理"这一概念来描述受访者的动机。采纳"有价值的伦理"意味着质疑有偿工作的神圣性，并坚持认为，可以围绕其他——可能也是更值得的——活动来安排生活。我之所以借用这个词，是因为用它来描述对工作的抵制似乎有某些好处。最明显的好处是，它刻意映照了它所希望取代的概念——工作伦理——同时也有一些其他好处。首先是，基于"有价值的伦理"的运动的概念避免了试图以现有的社会类别（如阶级或性别）为基础将人们团结起来的陷阱。向一个不那么以工作为中心的社会转变，会使许多人受益，而对更自主的生活的渴望并不属于任何单一人群。只要人们感到理想与现实之间存在差距，只要人们感到社会预先规定的角色与自我意识之间存在裂痕，就会产生超越以工作为中心的存在方式的愿望。无论这些人是老是少，是男是女，有没有家庭，工作还是不工作，富有还是贫穷，情况都是如此。人们有可能可以在"有价值的伦理"这面旗帜下团结起来，作为一面旗帜，它的一个优势在于含义广泛，它并不把抗争局限在任何特定的文化群体。什么是"有价值的"，由每个人自己决定。

"有价值的伦理"在概念上的另一个好处是，它强调了我在本书中一直阐述的一个观点：那些抵制工作伦理的人并不一定像刻板印象所暗示的那样没有道德。相反，伦理的提法坚持认为，除了献身于工作之外，还有另一些人生信条让人们赋予自己的生活以意义和方向感。从这个意义上说，"有价值的伦理"这一概念可以说是对"赋闲"概念的改进，是反对工作教条的呐喊口号。尽管"赋闲"的本意是自嘲（就"闲人联盟"而言，它成功吸引了不同人群的想象），但如果它最终强化了这样一种信念，即抵制工作就等同于过一种懒散的生活，那也是违背直觉的。在我的研究中，有几位不属于"闲人联盟"的受访者实际上对与自称"闲人"的人参与同一项研究感到有些失落，因为他们认为这是对他们积极的生活方式的歪曲。如果可能的话，我们应该努力表明，没有工作的生活不一定是空虚的、没有道德的。

4. 保卫想象力的重要性

最后，我还想强调持续致力于乌托邦式思考和分析的重要性。露丝·列维塔斯将乌托邦式思考定义为"渴望更好的生活方式的表达"（Levitas, 1990 : 9）。乌托邦思维不是从现实出发进行推论,而是促使我们首先思考我们想要抵达何处,然后思考如何抵达。想象一个替代性的更理想的未来,有助于我们反思当前社会条件使之产生但尚未满足的愿望。然而,尽管这听起来值得追求,"空想家"常常被用作一个贬义词,用来形容那些鼓吹不切实际的改革,或对社会完美抱有荒谬愿望的人。正如列维塔斯所指出的,这种蔑视既有幽默的一面,也有极其严重的一面:在天平一端,空想家被贴上白日梦想家的标签,而在另一端,空想家被视为暴君,因为他们忘记了乌托邦思想与极权主义之间的历史联系(Levitas, 1990:3)。根据我自己的经验,乌托邦一词总是在这种贬义的语境中提及。

与这样的趋势相反,我希望我们能够捍卫更加乌托邦式的思考和说话方式。如果说最近的经济危机向我们表明了什么,那就是危机本身并不足以带来真正的社会变革。无论危机如何升级,除非我们社会对另一种可能的替代方案持开放态度,否则积极的变革就永远不可能发生。乌托邦思维的意义在于提醒我们,我们总有办法以不同的方式做事:它促使我们从危机中组合出新的东西来,而不是在现有体系内寻求更荒谬的方式来解决社会问题。在我看来,无论这个以工作为中心的社会变得多么支离破碎——无论失业率和不充分就业率有多么惊人,无论今天的工作者感到多么有压力和沮丧，无论这种压力以种族主义、暴力和成瘾的形式渗出多少，也无论经济增长对环境造成多大压力——除非我们开始积极考虑和探索替代方案的可能性，否则，积极的社会变革是不可能发生的。再次借用凯西·威克斯的一句话，乌托邦思维的重要性在于"解开'当下'的束缚"（Weeks，2011：205）。乌托邦思维旨在帮助我们获得一个珍贵的视野，超越那些太过于熟悉的可能性。

这并不意味着要为社会变革提供并强加一种预先设定好的蓝图，也不意味着减少工作是包治社会百病的药方。我在本书中想做的只是，提供一个机会，让我们对社会世界的方方面面提出问题，否则这些方面就会被视为理所当然或看似无法改变的。发展一种新的富有想象力的态度，并不意味着要否认目前工作的必要性以及工作带来的满足感，但确实意味着要在我们自身和以工作为中心的社会之间建立起一些健康的批判距离。乌托邦式的评述应试图激发、鼓舞和启发读者的欲望，在不屈服于平庸的乐观主义的前提下，唤起读者的希望。如果有人指出乌托邦思想不现实，批判家应当予以反驳——我们对现实的认知是社会建构的结果，相信事态永远不会改变也同样是一种被哄骗的结果。

最终，我们无法否认的是，工作可以带来一系列至为重要的愉悦——如果不是来自生产过程本身，就是通过与之相关的社会交往、经济回报、地位感或成为公共人物的机会。然而，我想要提出的问题是——为什么我们对这些东西的权利必须依赖于对工作——一种往往是剥削性的、对环境有害的活动，更不用说其稀缺性了——的臣服？为什么我们不能通过思考满足收入、权利和归属感需求的其他方式来展开政治讨论？对于那些认为除了以工作为中心的社会别无选择的人们，我想说，一个无法想象以商品关系之外的方式来实现社会团结和目标感的社会是极其可悲的社会。

注释

引　言

1. 思想家们在批判社会理论旗帜下的论点是本书的重要灵感来源。然而如果可以的话，我通常会避免对学术文献进行详尽的总结，以保持叙述的重点。尽管本书不是对批判社会理论进行详细阐述的地方，但感兴趣的读者可能会从两部优秀的学术评论中受益：爱德华·格兰特的《批判社会理论与工作的终结》（Granter, 2009）和凯西·威克斯的《工作的问题》（Weeks, 2011）。其他的重要灵感来源包括安德烈·高兹的作品，尤其是《经济理性批判》（Gorz, 1989）和《重新主张工作》（Gorz, 1999），以及弗朗哥·贝拉迪的自治主义作品《工作中的灵魂》（Berardi, 2009）。我还在《关于工作与就业的SAGE社会学手册》（Frayne，即将出版）中撰写了对工作批判的简短概述。

第一章

1. 尽管自主活动的目的就是其本身，但这不一定意味着自主活动的产品永远不会使他人受益或不具备交换价值。例如，一个音乐家可能会给他人带来快乐，并通过出售她的音乐唱片来谋生。只要她仍然受到自己关于什么是"善好"的观念的内在驱动，她的活动就保持着自主。对于高兹来说，活动的核心意图似乎决定了它是否可以被归类为自主活动。如果音乐家受到名誉或财富的诱惑，根据她认为市场需要的审美风格来定制她的音乐，那么她的自主活动就可能有转变为经济活动的风险。

2. 一个通常归因于马克思的政治方案被我们称为"社会主义现代化"。这一论证严谨的理论将工人陷于贫困的主要原因视为所有权问题：工人（或无产阶级）由于在生产关系中的劣势地位而遭受异化。他们没有资本，被迫为工资而工作，几乎或根本无法选择自己的工作目标和工作条件。他们受到剥削：作为报酬的工资低于其劳动的真实价值，精英阶级的所有者（资产阶级）从他们工作的成果中获利。学生们通常初次遇到的马克思就是呼吁"集体所有"的马克思：通过工人争取生产资料的集体所有权来废除阶级制度并结束剥削，这之后异化的工作就可以变成非异化的工作——也是工人生产能力的真实体现。然而，马克思对于集体所有的呼吁——或者说"朴素马克思主义观点"（Booth，1989：207）——可以和他晚期的写作相对照，一些人认为在后期写作中马克思对工作的热情变得缓和。有人提出，马克思本人"无法清楚地确定共产主义是意味着从劳动中解放还是劳动的解放"（Berki，1979：5）。有关"朴素"马克思和"后工作"马克思，请参阅格兰特（Granter，2009：第四章）。

3. 好奇的读者可以在其他地方找到关于马尔库塞和缩短工作时间论点的关联的详细综述（例如Granter，2009：第五章；Bowring，2012；Frayne，即将出版）。

4. 有关安德烈·高兹的思想的更详细概述，请参阅洛兹亚克和塔特曼的简单介绍（Lodziak and Tatman，1997）或鲍林的更深入文章（Bowring，2000a）。后者详细介绍了高兹与社会理论的联系，以及他早期在存在主义哲学方面的著作。

5. 伯特兰·罗素对教师工作也提出了类似的论点。罗素认为，教师的工作量应该比现在少得多，他们应该享受各类活动并与教育之外的世界进行社会接触。他认为过度劳累的教师不可能长期保持对孩子们本能的喜爱，而"与孩子们在一起时自发的快乐"对于健康的教学关系至关重要。"教师对孩子们的感观一定会像众所周知的糖果店学徒对蛋白杏仁饼干的感观一样……疲劳最终会产生愤怒，无论焦躁的老师们持有哪种教育理论，他们的情绪都很可能通过某些方式发泄出来"（Russell, 2004b：146）。高兹认为，职业公休假的目的就是避免这种低迷的情况：让工作者（包括教师）"接受新鲜的想法，对自己的情况有更新的认知，开阔他们的视野，激发他们的想象力"（Gorz, 1989：194）。

6. 官方失业率由国际劳工组织负责公布，其数据来源于劳动力调查。有关官方失业的衡量标准和英国职工大会所使用的更全面的衡量标准之间的差异解释，请参阅 Trade Union Congress, 2013。

7. 约瑟夫·朗特里基金会最近的一份报告发现，英国2013年大约有1300万人生活在贫困中（该报告采用的分类方式为，如果一个家庭的税后收入低于当年全国家庭收入中位数的60%，即为"低收入"或"贫困"家庭。）令人惊讶的是，其中约有670万人实际上生活在至少有一名工作者的家庭中。同一份报告发现，2012年，约27%的女性员工和约15%的男性员工的实际工资低于每小时7.45英镑的英国生活工资。相当多的人因为就业不足而面临贫困，他们想要全职工作但只能找到短期兼职。据基金会2013年的报告估计，在报告发布前不久，有140万英国公民属于这类半失业状态（MacInnes et al, 2013）。在有工作的人口中，穷人所占比例明显，但这在所谓的富裕社会中，被很大程度地忽视了。他们的经验表明，工作并不总是摆脱贫困的门票。许多在职的穷人通过中介机构就业或临时性地就业，因而可能得不到法律或工会的充分保护,无法享受与长期雇佣合同相当的福利,例如带薪假期或病假。在美国,由于医疗保健等社会保险由雇主提供,而非国家强制执行,这种临时工人被排除于福利之外的现象尤其令人担忧(Markova and McKay,2008)。

8. 许多低薪的工作者,尤其是零售业和快餐行业的员工,签订了争议性的零时工合同,合同要求随时待命而没有稳定的工作时间段,同时只按工作时间支付工资。根据国家统计局的数据,2008年英国有116 000人签订零时工合同,2012年这一数字上升至200 000人。另一方面,英国特许人事与发展协会提供的数据表明,这仅是一个保守的估计。该机构的调查表明,到2013年8月为止,英国有上百万人签订了零时工合同。

9. 在英国,一些引人注目的头条新闻已经说明了技术岗位短缺的后果。《电讯报》称,一家Costa咖啡专营店的分店收到了1701份迫切的求职信,而其开放的岗位仅仅是8个。根据该报告,这些申请人中的许多人"资历严重过高"(Silverman,2013)。有另一个故事表明,苏格兰失业的毕业生常被告知要减少他们简历中的专业内容,以便找到工作(BBC News,2012)。

第二章

1. 在我自己的工作经历中,有一个令人难忘的例子。一次课程要求收银员培训生针对一系列服务客户的场景进行角色扮演。假扮客户的人员进场,并按要求挑衅地对待培训生们。同时,经理们在写字板上对培训生的表演进行评分。培训生需要在经理们的注视下,面对客户保持镇定和微笑。培训结束后,在娜塔莉·安博莉亚的十大流行歌曲《错误的印象》的背景乐中,通过培训视频对公司客户服务政策的讲解,学员们认识到他们所犯的错误。

第三章

1. 马尔库塞在《单向度的人》中提出了关于工作之外的时间的妥协性质的同样论点,不过有趣的是马尔库塞颠倒了阿多诺的用语。对于马尔库塞来说,"自由时间"是稀有的,而"闲暇"则是"在工业社会中蓬勃发展的,但……就被商业和政治管理的程度而言是不自由的"(Marcuse, 2002: 52)。

2. 要了解新自由主义的详细信息,我推荐大卫·哈维的优秀著作《新自由主义简史》(Harvey, 2005)。

3. 我在这里提到的不是罗素作为哲学家的重量级作品,而是他更易理解的思考性散文,主要是收集在《闲散颂》(Russell, 2004a)和《幸福之路》(Russell, 2006)中。我提到罗素散文的审美吸引力并非偶然:罗素认为,一个日益受到效率迷惑的社会的代价之一是"将言语视为具有审美价值的事物的概念正在消失,人们开始认为言语的唯一目的是传达实用信息"(Russell, 2004d: 19)。罗素自己的文字抵制了这一趋势,他的文字阅读起来是令人愉悦的。

4. 这些数字基于 Push 的学生债务调查的推测。该调查面向了英国115所大学的2808名学生,涵盖了欠父母、银行和学生贷款提供方的钱款。请参阅 www.push.co.uk。

5. Savoo.co.uk 于2014年进行的一项调查,问了1505名毕业生是否愿意参加无薪实习以获取经验。85%的人表示愿意,其中65%的人表示即使不保证留用也会这样做(HR Review, 2014)。

6. 经济史学会的数据,《美国历史上的工作时间》(http://eh.net/encyclopedia/hours-of-work-in-u-s-history/ 有全文)。

7. eMarketer Digital Intelligence,《数字广告支出上升,移动设备领先》,2011年10月13日,提供的数据(www.emarketer.com/Article.aspx?R=1008639 有全文)。

第四章

1. 在其他迷思中,Turn2Us的报告还揭示了一个错误观念,即福利国家被"问题家庭"阻碍,这些家庭以较多的子女和多代福利受赡养者为特征。该报告还提供了证据来挑战一个有害观念,即人们经常因为经济上轻松的原因选择领取福利。

2. 公民咨询局的一份报告更详细地总结了英国相关政策的变化(Citizens Advice Bureau, 2013)。

3. 即使是使用最简单的互联网搜索也会发现大量申请失败带来恶果的令人沮丧的故事,从残疾人因偶尔志愿工作而被削减福利,到被ATOS告知会"康复"的退化性和慢性疾病患者,再到极端贫困和最终自杀的故事。公民咨询局在上引2013年的《惩罚贫困》报告中收集了一些这样的故事。

4. 要感受一下这一遗产的影响,请参阅Waters和Moore(2002)的文章,该文章提供了直接研究雅霍达及其同事确定的心理需求之一的一系列参考文献。

5. 还有更多的例子也值得注意。"共识恐怖主义":"决定在办公室时的态度和行为的过程";"情感番茄酱爆发":"将意见和情感压抑在自己心底,以至于它们突然爆发,使雇主和朋友都感到震惊和困惑——大多数人认为一切都还好";"过头":"通过一头扎进一个与之前生活兴趣毫无关系的工作或生活方式来用力补偿对未来的担忧"(Coupland, 1991)。

6. 见http://www.euromayday.org/。

第五章

1. 根据常见的伦理实践方式，我向参与者保证为他们保持匿名，但有趣的是，我遇到的一些人反对这一决定。这些人很像1970年代记者伯纳德·莱夫科维茨所采访的不工作者。莱夫科维茨写道："我采访的大多数人并没有要求匿名才能进行坦诚的分享。他们认为从工作到不工作的转变需要勇气。他们觉得如果我掩盖他们的身份，就会暗示他们有一些罪恶感或羞耻感。"（Lefkowitz，1979: 前言）人们为自己的生活方式感到自豪，他们希望在书中被辨认出来。虽然我理解他们的想法，但我最终违背了他们的愿望，我认为他们不应该为他们分享的故事负责。这里的所有姓名都是化名，许多可以识别出个人的细节也经过修改。除了这些小修改外，所有采访摘录均为原话。

2. 伯格和普尔伯格认为，社会学本身也促成了物化，因为它经常将社会角色和社会法则，而非有意识的人类存在，视为其主要现实。一种物化的社会学描绘了一个"[不再]存在任何人"的世界。社会交往被机械地设想成一个角色的世界，这些角色在一种"细胞外胚质交换"的过程中自发碰撞（Berger and Pullberg, 1966 : 66）。

3. 在我写作本书时，这一点已经改变了，马修和露西都已经在一家知名眼镜连锁店担任客户助理的工作。

4. 在以工作为中心的社会中，健康风险尤其令人担忧，尤其是在就业无保障的整体气候下。参见Nolan et al., 2000和Benach and Muntaner, 2007，他们引用了一系列研究，这些研究将就业无保障与无助感、睡眠障碍、婚姻破裂，以及形成和执行计划的能力减弱等感受联系在一起。

5. 社会学学者可能会注意到高兹的观察与塔尔科特·帕森斯的经典病人角色理论之间的联系。根据帕森斯的理论，医疗机构充当着社会权威，为健康状况贴上标签，并基本上决定了某个人是否属于生病的范畴。如果一个人要进入帕森斯所谓的"病人角色"并获得从通常的工作责任中豁免的权利，通常需要医生的诊断。不工作的权利往往取决于病人是否同意承担一套新的责任，其中包括展示出切实尝试康复的努力。病人必须听从医生的建议服用药物，并将所有时间都用于休息和康复，以便他可以迅速恢复工作的角色。

第六章

1. 尽管此引文的原始来源不明，但多个网站将其归于美国记者埃伦·古德曼。

2. 借用我一个好朋友的俏皮话，我们可以说艾伦是"狗屁公司"的代表。狗屁公司的代表们对他们的工作角色的社会效用并不太在意。他们接受的工作是低投入的，所提供的身份认同和道德主动性很少，他们以友好、熟练的方式执行这些工作，但并不会有任何激情。由于最终目标始终是为了给休闲时间提供资金，最重要的是薪水：最终极的狗屁公司企划是在精神上毫不费力但得到的薪酬丰厚。

3. 金·汉弗莱在他的著作《过剩》（Humphery, 2010）中对这种反资本主义风格进行了出色的批评。

4. 索珀显然受到了法兰克福学派的批判的启发（参见 Soper, 1999）。当她谈到现代社会中的某种"反享乐主义的忍耐"时，她似乎有意回应了马尔库塞的"被动接受"概念："我们有一种几乎是无意识的能力，去适应技术变革的影响，接受它损害我们的感官享受，并同时让我们对自己已经或正在失去的东西感到麻木。"（Soper,

2008：579）

5. 见http://www.slowfood.com/。

第八章

1. 基本收入有时也被称为公民工资、保障收入、社会分红、普遍津贴、人口津贴或其他一些名称。对于想要了解更多的读者来说，一个好的起点是基本收入地球网络，它是一个致力于推广基本收入的国际联盟。其网址是：www.basicincome.org。

2. 以下提案直接摘自英国绿党的官方政策声明："将引入一个足以满足个人基本需求的公民收入制度，取代免税津贴和大部分社会保障福利。公民收入是一种无条件的、不可撤销的收入，作为一项公民权利支付给每个人。它不会受到财富水平的限制，也没有工作或积极寻找工作的要求……公民收入将消除失业和贫困陷阱，并作为一个安全网，使人们能够选择自己的工作类型和模式。公民收入计划将使福利国家发展为一个福利社区，使人们参与到于个人满足和于社会有利的工作中。"（Green Party, 2014b）

参考文献

Adorno, T. (2001) 'Free Time', in T. Adorno, *The Culture Industry*, London: Routledge. (Original work published 1977.)

Adorno, T. (2005) *Minima Moralia: Reflections from a Damaged Life*, London, Brooklyn: Verso. (Original work published 1951.)

Anthony, P. D. (1977) *The Ideology of Work*, London, New York: Tavistock Publications.

Arendt, H. (1998) *The Human Condition*, Chicago: University of Chicago Press. (Original work published 1958.) http://dx.doi.org/10.7208/chicago/9780226924571.001.0001.

Bains, G. (2007) *Meaning Inc. The Blueprint for Business Success in the 21st Century*, London: Profile Books.

Baker, D., K. North and The ALSPAC Study Team (1999) 'Does Employment Improve the Health of Lone Mothers?', *Social Science & Medicine*, 49, 1, pp 121–131. http://dx.doi.org/10.1016/S0277-9536(99)00104-5

Bauman, Z. (2000) *Liquid Modernity*, Cambridge: Polity.

Bauman, Z. (2001) 'Consuming Life', *Journal of Consumer Culture*, 1, 1, pp 9–29. http://dx.doi.org/10.1177/146954050100100102

Bauman, Z. (2005) *Work, Consumerism and the New Poor*, Maidenhead: Open University Press.

Baumberg, B., K. Bell and D. Gaffney (2012) *Benefits Stigma in Britain*,

London: Elizabeth Finn Care / Turn2Us.

BBC News (2012) 'Scottish Graduates Told to Dumb Down CVs', 27 July (available at: www.bbc.co.uk/news/uk-scotland-19006651).

BBC News (2013) 'Amazon Workers Face Increased Risk of Mental Illness', 25 November (available at: www.bbc.co.uk/news/business-25034598).

Beck, U. (2000) *The Brave New World of Work*, Malden: Polity Press.

Beder, S. (2000) *Selling the Work Ethic*, London: Zed Books.

Beecher, J. (1986) *Charles Fourier: The Visionary and His World*, Berkeley, London: University of California Press.

Bell, D. (1973) *The Coming Post-Industrial Age: A Venture in Social Forecasting*, London: Heinemann.

Bell, D. (1976) *The Cultural Contradictions of Capitalism*, New York: Basic Books.

Benach, J. and C. Muntaner (2007) 'Precarious Employment and Health: Developing a Research Agenda', *Journal of Epidemiology and Community Health*, 61, 4, pp 276–277. http://dx.doi.org/10.1136/jech.2005.045237

Berardi, F. (2009) *The Soul at Work: From Alienation to Autonomy*, Los Angeles: Semiotext(e).

Berger, P. and T. Luckmann (1967) *The Social Construction of Reality*, Harmondsworth: Penguin.

Berger, P. and S. Pullberg (1966) 'Reification and the Sociological Critique of Consciousness', *New Left Review*, 35, pp 56–71.

Berki, R. N. (1979) 'On the Nature and Origins of Marx's Concept of Labour', *Political Theory*, 7, 1, pp 35–56.

Bies, R. J. and J. Moag (1986) 'Interactional Justice: Communication Criteria of Fairness', in R. J. Lewicki, B. H. Sheppard and M. H. Bazerman (eds) *Research on Negotiation in Organizations*, vol 1, pp 43–55. Greenwich, CT: JAI Press.

Billig, M. (2013) *Learn to Write Badly: How to Succeed in the Social Sciences*, Cambridge: Cambridge University Press.

Black, B. (1986) *The Abolition of Work and Other Essays*, Port Townsend: Loompanics Unlimited.

Blauner, R. (1964) *Alienation and Freedom: The Factory Worker and His Industry*, London: Pluto Press.

Booth, W. (1989) 'Gone Fishing: Making Sense of Marx's Concept of Communism', *Political Theory*, 17, 2, pp 205–222. http://dx.doi.org/10.1177/0090591789017002003

Bowles, S. and H. Gintis (1976) *Schooling in Capitalist America*, London: Routledge.

Bowring, F. (1999) 'Job Scarcity: The Perverted Form of a Potential Blessing', *Sociology*, 33, 1, pp 69–84. http://dx.doi.org/10.1177/S0038038599000048

Bowring, F. (2000a) *André Gorz and the Sartrean Legacy: Arguments for a Person-Centred Social Theory*, London: Macmillan. http://dx.doi.org/10.1057/9780230288744.

Bowring, F. (2000b) 'Social Exclusion: Limitations of the Debate', *Critical Social Policy*, 20, 3, pp 307–330. http://dx.doi.org/10.1177/026101830002000303

Bowring, F. (2011) 'Marx's Concept of Fettering: A Critical Review', *Critique: Journal of Socialist Theory*, 39, 1, pp 137–153. http://dx.doi.org/10.1080/03017605.2011.537457

Bowring, F. (2012) 'Repressive Desubliimation and Consumer Culture: Re-Evaluating Herbert Marcuse', *New Formations*, 75, 1, pp 8–24. http://dx.doi.org/10.3898/NewF.75.01.2012

Braverman, H. (1974) *Labor and Monopoly Capital: The Degradation of Work in the Twentieth Century*, New York, London: Monthly Review Press.

Brennan, T. (2003) *Globalisation and Its Terrors: Daily Life in the West*, London, New York: Routledge.

Brown, P. and A. Hesketh (2004) *The Mismanagement of Talent*, Oxford, New York: Oxford University Press. http://dx.doi.org/10.1093/acprof:oso/9780199269532.001.0001

Brown, P., H. Lauder and D. Ashton (2011) *The Global Auction: The Broken Promises of Education, Jobs and Incomes*, Oxford, New York: Oxford University Press.

Brunning, L. (2014) 'Higher Education and the Culture of Gratitude', *Times Higher Education* website, 7 August (available at: www.timeshighereducation.co.uk/comment/opinion/higher-education-and-the-culture-of-gratitude/2014988.article).

Cameron, D. (2010) 'Leader's Speech', Conservative Party Conference, Birmingham (available at: www.britishpoliticalspeech.org/speech-archive.htm?speech=214).

Campbell, D. (2014) 'UK Needs Four-Day Week to Combat Stress, Says Top Doctor', *Guardian Online*, 1 July (available at: www.theguardian.com/society/2014/jul/01/uk-four-day-week-combat-stress-top-doctor).

Cannon, D. (1994) *Generation X and the New Work Ethic*, London: Demos.

Casey, C. (1995) *Work, Self and Society: After Industrialism*, London, New York: Routledge.

Cederström, C. and Fleming P. (2012) *Dead Man Working*, Alresford: Zero Books.

Cederström, C. and A. Spicer (2015) *The Wellness Syndrome*, Cambridge: Polity.

Chertovskaya, E., P. Watt, S. Tramer and S. Spoelstra (2013) 'Giving Notice to Employability', *Ephemera*, 13, 4, pp 701–716.

Citizens Advice Bureau (2013) *Punishing Poverty: A Review of Benefits*

Sanctions and Their Impact on Clients and Claimants, Manchester: Manchester CAB Service.

Cohen, S. and L. Taylor (1992) *Escape Attempts: The Theory and Practice of Resistance to Everyday Life*, London: Routledge.

Cole, M. (2004) 'Unemployment and the Moral Regulation of Freedom'. PhD thesis, University of Bristol.

Cole, M. (2007) 'Re-Thinking Unemployment: A Challenge to the Legacy of Jahoda et al', *Sociology*, 41, 6, pp 1,133–1,149. http://dx.doi.org/10.1177/0038038507082319

Collinson, D. (1992) *Managing the Shop Floor: Subjectivity, Masculinity and Workplace Culture*. Berlin: de Gruyter. http://dx.doi.org/10.1515/9783110879162

Cook, K. E. (2012) 'Single Parents' Subjective Wellbeing Over the Welfare to Work Transition', *Social Policy and Society*, 11, 2, pp 143–155. http://dx.doi.org/10.1017/S1474746411000546

Coote, A. and J. Franklin, eds (2013) *Time on Our Side: Why We All Need a Shorter Working Week*, London: New Economics Foundation.

Coote, A., J. Franklin and A. Simms (2010) *21 Hours*, London: New Economics Foundation.

Coote, A. and S. Lyall (2013) *Strivers v. Skivers: The Workless Are Worthless*, London: New Economics Foundation.

Costea, B., K. Amiridis and N. Crump (2012) 'Graduate Employability and the Principle of Potentiality: An Aspect of the Ethics of HRM', *Journal of Business Ethics*, 111, 1, pp 25–36. http://dx.doi.org/10.1007/s10551-012-1436-x

Coupland, D. (1991) *Generation X*, London: Abacus.

Cremin, C. (2003) 'Self-Starters, Can-Doers and Mobile Phoneys: Situations Vacant Columns and the Personality Culture in Employment',

Sociological Review, 51, 1, pp 109–128. http://dx.doi.org/10.1111/1467-954X.00410

Cremin, C. (2011) *Capitalism's New Clothes: Enterprise, Ethics and Enjoyment in Times of Crisis*, London: Pluto.

Csikszentmihalyi, M. (1990) *Flow: The Psychology of Optimal Experience*, New York: Harper and Row.

Dalla Costa, M. and S. James (1973) *The Power of Women and the Subversion of the Community*, Bristol: Falling Wall.

De Geus, M. (2009) 'Sustainable Hedonism: The Pleasures of Living Within Environmental Limits', in K. Soper, M. Ryle and L. Thomas (eds) *The Politics and Pleasures of Consuming Differently*, pp 113–129. Basingstoke, New York: Palgrave Macmillan.

Department for Social Security (1998) *New Ambitions for Our Country: A New Contract for Welfare*, London: Department for Social Security.

Department for Work and Pensions (2013) *Improving Health and Work: Changing Lives*, London: Department for Work and Pensions.

Department of Health (2010) *Healthy Lives, Healthy People: Our Strategy for Public Health in England*, London: Department of Health.

Dittmar, H. (2007) 'The Costs of Consumer Culture and the "Cage Within": The Impact of the Material "Good Life" and "Body Perfect" Ideals on Individuals' Identity and Well Being', *Psychological Inquiry*, 18, 1, pp 23–31.http://dx.doi.org/10.1080/10478400701389045

Dooley, D. and R. Catalano (1988) 'Recent Research on the Psychological Effects of Unemployment', *Journal of Social Issues*, 44, 4, pp 1–12. http://dx.doi.org/10.1111/j.1540-4560.1988.tb02088.x

Ehrenreich, B. (2002) *Nickel and Dimed: Undercover in Low-Wage USA*, London: Granta Books.

Elraz, H. (2013) 'The Sellable Semblance: Employability in the Context of

Mental Illness', *Ephemera*, 13, 4, pp 809–824.

Engels, F. (1987) *The Condition of the Working Class in England*, Stanford: Stanford University Press. (Original work published 1845.)

Featherstone, M. (1991) *Consumer Culture and Postmodernism*, London: SAGE.

Fernie, S. and D. Metcalf (2000) '(Not) Hanging on the Telephone: Payment Systems in the New Sweatshops', in D. Lewin and B. Kaufman (eds) *Advances in Industrial and Labour Relations*, Greenwich, CT: JAI Press.

Fevre, R. (2003) *The New Sociology of Economic Behaviour*, London: SAGE.

Fisher, M. (2009) *Capitalist Realism: Is There No Alternative?* Alresford: Zero Books.

Fiske, J. (1989) *Reading the Popular*, London: Routledge.

Fleming, P., B. Harley and G. Sewell (2004) 'A Little Knowledge Is a Dangerous Thing: Getting Below the Surface of the Growth of "Knowledge Work" in Australia', *Work, Employment and Society*, 18, 4, pp 725–747. http://dx.doi.org/10.1177/0950017004047951

Fleming, P. and A. Spicer (2003) 'Working at a Cynical Distance: Implications for Power, Subjectivity and Resistance', *Organization*, 10, 1, pp 157–179. http://dx.doi.org/10.1177/1350508403010001376

Fleming, P. and A. Spicer (2004) '"You Can Checkout Anytime, but You Can Never Leave" : Spatial Boundaries in a High Commitment Organisation', *Human Relations*, 57, 1, pp 75–94. http://dx.doi.org/10.1177/0018726704042715

Fleming, P. and A. Sturdy (2011) '"Being Yourself " in the Electronic Sweatshop: New Forms of Normative Control', *Human Relations*, 64, 2, pp 177–200. http://dx.doi.org/10.1177/0018726710375481

Franklin, K. (2013) *How Norms Become Targets: Investigating the Real Misery of 'Fit for Work' Assessments*, Centre for Welfare Reform (available at: www.

centreforwelfarereform.org/library/type/pdfs/how-norms-become-targets.html).

Frayne, D. (forthcoming) 'Critiques of Work', in S. Edgell, H. Gottfried and E. Granter (eds) *The SAGE Handbook of the Sociology of Work and Employment*, London: SAGE.

Fromm, E. (1979) *To Have or To Be?* London: Abacus.

Fryer, D. and S. McKenna (1987) 'The Laying Off of Hands: Unemployment and the Experience of Time', in S. Fineman (ed) *Unemployment: Personal and Social Consequences*, London: Tavistock.

Galbraith, J. K. (1958) *The Affluent Society*, London: Hamish Hamilton.

Goffman, E. (1968) *Stigma: Notes on the Management of Spoiled Identity*, Harmondsworth: Penguin.

Goffman, E. (1972) *Encounters: Two Studies in the Sociology of Interaction*, London: Allen Lane.

Gollain, F. (2004) *A Critique of Work: Between Ecology and Socialism*, London: International Institute for Environment and Development.

Gorz, A. (1967) *Strategy for Labor*, Boston: Beacon Press.

Gorz, A. (1980) *Ecology as Politics*, London: Pluto Press.

Gorz, A. (1982) *Farewell to the Working Class*, London: Pluto Press.

Gorz, A. (1985) *Paths to Paradise: On the Liberation from Work*, London: Pluto Press.

Gorz, A., with R. Maischien and M. Jander (1986) 'Alienation, Freedom and Utopia: Interview with André Gorz', *Telos*, 70, pp 199–206. http://dx.doi.org/10.3817/0386067199

Gorz, A. (1989) *Critique of Economic Reason*, London, New York: Verso.

Gorz, A. (1999) *Reclaiming Work*, Cambridge: Polity Press.

Gorz, A. (2010) *The Immaterial*, Calcutta: Seagull Books.

Graeber, D. (2013) 'On the Phenomenon of Bullshit Jobs', *Strike! Magazine*

Online, 17 August (available at: http://.strikemag.org/bullshit-jobs/).

Granter, E. (2009) *Critical Social Theory and the End of Work: Rethinking Classical Sociology*, Farnham: Ashgate.

Green Party (2014a) 'How many of us would like to work shorter hours, spend more time with the family, more time in self advancement? The answer is most of us', Wales Green Party website. (Available at: wales.greenparty.org.uk/news.html/2014/09/22/luddite-at-the-end-of-the-tunnel/.)

Green Party (2014b) 'Workers' rights and employment', Green Party website. (Available at: http://policy.greenparty.org.uk/wr.html.)

Gregg, M. (2011) *Work's Intimacy*, Cambridge: Polity.

Haiven, M. and A. Khasnabish (2014) *The Radical Imagination*, London: Zed Books.

Harvey, D. (2005) *A Brief History of Neoliberalism*, Oxford: Oxford University Press.

Hayden, A. (1999) *Sharing the Work, Sparing the Planet*, London: Zed Books.

Hayden, A. (2013) 'Patterns and Purpose of Work-Time Reduction: A Cross-National Comparison', in A. Coote and J. Franklin (eds) *Time On Our Side: Why We All Need a Shorter Working Week*, pp 125–142. London: New Economics Foundation.

Hochschild, A. (1983) *The Managed Heart: Commercialisation of Human Feeling*, Berkeley, Los Angeles: University of California Press.

Hochschild, A. (1990) *The Second Shift: Working Parents and the Revolution at Home*, London: Piatkus.

Hochschild, A. (2012) *The Outsourced Self*, New York: Picador.

Hodgkinson, T. (2004) *How To Be Idle*, London: Hamish Hamilton.

Holehouse, M. (2012) 'Iain Duncan Smith: It's Better to Be a Shelf Stacker Than a Job Snob', *Telegraph Online*, 21 February (available at: www.telegraph.co.uk/news/politics/9095050/Iain-Duncan-Smith-its-betterto-be-a-shelf-stacker-than-a-job-snob.html).

Honneth, A. (1995) *The Struggle for Recognition*, Oxford, Cambridge: Blackwell.

Honoré, C. (2004) *In Praise of Slowness*, New York: Harper Collins.

Horkheimer, M. (1974) *Critique of Instrumental Reason*, New York: Continuum.

HR Review (2014) 'Most Graduates Happy to Take on Unpaid Internships, Even With No Job Guarantee', *HR Review website*, 30 July (available at: www.hrreview.co.uk/hr-news/l-d-news/graduates-happy-to-take-on-unpaid-internships/52291).

HSE (2014) 'Health and Safety Statistics: Annual Report for Great Britain' (available at: www.hse.gov.uk/statistics/overall/hssh1314.pdf).

Huffington Post (2013) 'Benefit Reforms Are Putting Fairness Back at the Heart of Britain', 6 April (available at: www.huffingtonpost.co.uk/2013/04/06/benefit-reforms-cameron-welfare-_n_3029737.html).

Humphery, K. (2010) *Excess: Anti-Consumerism in the West*, Cambridge: Polity.

Hunnicutt, B. (1988) *Work Without End*, Philadelphia: Temple University Press.

Illich, I. (1978) *The Right to Useful Unemployment*, London, Boston: Marion Boyars.

Iyengar, S. and M. Lepper (2000) 'When Choice Is Demotivating: Can One Desire Too Much of a Good Thing?', *Journal of Personality and Social Psychology*, 79, 6, pp 995–1,006. http://dx.doi.org/10.1037/0022-3514.79.6.995

Jackson, T. (2009) *Prosperity Without Growth: Economics for a Finite Planet*, London, New York: Earthscan.

Jahoda, M. (1982) *Employment and Unemployment: A Social-Psychological Analysis*, Cambridge: Cambridge University Press.

Jahoda, M., P. F. Lazarsfeld and H. Ziesel (1972) *Marienthal: The Sociography of an Unemployed Community*, London: Tavistock. (Original work published 1933.)

Jowitt, J. (2013) 'Strivers v. Shirkers: The Language of the Welfare Debate', *Guardian Online*, 8 January (available at: www.theguardian.com/politics/2013/jan/08/strivers-shirkers-language-welfare).

July, M. and H. Fletcher (2007) *Learning to Love You More*, London, New York: Prestel.

Kelley, R. (1994) *Race Rebels: Culture, Politics and the Black Working Class*, New York: Free Press.

Kelvin, P. and J. Jarrett (1985) *Unemployment: Its Social Psychological Effects*, Cambridge: Cambridge University Press.

Kerr, W. (1966) *The Decline of Pleasure*, New York: Simon and Schuster.

Kettering, C. (1929) 'Keep the Consumer Dissatisfied', *Nation's Business*,16, p 31.

Keynes, J. M. (1932) *Essays in Persuasion*, New York: Harcourt Brace.

Lafargue, P. (1975) *The Right To Be Lazy*, Chicago: Charles H. Kerr. (Original work published 1883.)

Lane, R. (2000) *The Loss of Happiness in Market Democracies*, London, New Haven: Yale University Press.

Law, A. (1994) 'How to Ride the Wave of Change', *Admap*, January

Leader, D. and D. Corfield (2007) *Why Do People Get Ill?* London: Penguin.

Lefkowitz, B. (1979) *Breaktime: Living Without Work in a Nine to Five World*, New York: Hawthorn.

Lepore, M. (2012) 'I Have Never Taken a Vacation Because of My Job', *The Grindstone* (available at: www.thegrindstone.com/2012/03/29/work-life-balance/people-who-have-never-taken-a-vacation-579/2/).

Levitas, R. (1990) *The Concept of Utopia*, Oxford: Peter Lang.

Lewis, J. (2013) *Beyond Consumer Capitalism*, Cambridge: Polity.

Linder, S. (1970) *The Harried Leisure Class*, New York, London: Columbia University Press.

Lodziak, C. (2002) *The Myth of Consumerism*, London: Pluto.

Lodziak, C. and J. Tatman (1997) *André Gorz: A Critical Introduction*, London, Chicago: Pluto.

MacInnes, T., H. Aldridge, S. Busche, et al. (2013) *Monitoring Poverty and Social Exclusion* 2013, York: Joseph Rowntree Foundation.

Marcuse, H. (1998) *Eros and Civilisation*, London: Routledge. (Original work published 1956.)

Marcuse, H. (2002) *One-Dimensional Man*, New York: Routledge. (Original work published 1964.)

Markova, E. and S. McKay (2008) *Agency and Migrant Workers: Literature Review*, London: TUC Commission on Vulnerable Employment.

Marx, K. (1906) *Capital*, Chicago: Charles H. Kerr and Co. (Original work published 1867.)

Marx, K. (1959) *Economic and Philosophical Manuscripts of 1844*, Moscow: Foreign Language Publishing House. (Original work published 1844.)

Marx, K. (1970) *The German Ideology*, London: Lawrence and Wishart. (Original work published 1845.)

Marx, K. (1972) *Grundrisse*, London: Macmillan. (Original work published 1939.)

Marx, K. (1981) *Capital*, vol 3, Harmondsworth: Penguin. (Original work published 1894.)

Mead, G. H. (1962) *Mind, Self and Society*, London: University of Chicago Press. (Original work published 1934.)

Merton, R. (1938) 'Social Structure and Anomie', *American Sociological Review*, 3, 5, pp 672–682. http://dx.doi.org/10.2307/2084686

Mills, C. W. (1956) *White Collar*, Oxford, New York: Oxford University Press.

Mills, C. W. (1959) *The Sociological Imagination*, New York: Oxford University Press.

Minton, A. (2009) *Ground Control: Fear and Happiness in the Twenty-First Century City*, London: Penguin.

Moir, J. (2012) 'A Human Right Not to Stack Shelves? She's Off Her Trolley', *Daily Mail Online*, 13 January (available at: www.dailymail.co.uk/debate/article-2086000/Cait-Reilly-Human-right-stack-shelves-Poundland-Shes-trolley.html).

More, T. (1962) *Utopia*, London: Dent. (Original work published 1516.)

Morris, W. (1983) 'Useful Work Versus Useless Toil', in V. Richards (ed) *Why Work? Arguments for the Leisure Society*, pp 35–52. London: Freedom Press.

Nolan, J., I. Wichert and B. Burchell (2000) 'Job Insecurity, Psychological Well-Being and Family Life', in E. Heery and J. Salmon (eds) *The Insecure Workforce*, pp 181–209. London: Routledge.

Nussbaum, M. (2010) *Not for Profit: Why Democracy Needs the Humanities*, Princeton: Princeton University Press.

O'Mahoney, H. (2014) 'Volunteer Sea Turtle Preservation as a Hybridisation of Work and Leisure: Recombining Sense-Making and Re-Visioning the Good Life in Volunteer Tourism', PhD thesis, Cardiff University.

Offe, C. (1985) *Disorganised Capitalism*, Cambridge: Polity.

Ollman, B. (1971) *Alienation: Marx's Conception of Man in Capitalist Society*, London, New York: Cambridge University Press.

Packard, V. (1957) *The Hidden Persuaders*, Harmondsworth: Penguin.

Perlin, R. (2012) *Intern Nation: How to Earn Nothing and Learn Little in the Brave New Economy*, London: Verso.

Pirsig, R. M. (1974) *Zen and the Art of Motorcycle Maintenance*, London: Vintage.

Ransome, P. (1995) *Job Security and Social Stability: The Impact of Mass Unemployment on Expectations of Work*, Aldershot: Avebury.

Rifkin, J. (2000) *The End of Work: The Decline of the Global Work-Force and the Dawn of a Post-Market Era*, London: Penguin.

Russell, B. (1918) *Proposed Roads to Freedom*, New York: Blue Ribbon Books.

Russell, B. (2004a) *In Praise of Idleness*, Abingdon, New York: Routledge. (Original work published 1935.)

Russell, B. (2004b) 'Education and Discipline', in B. Russell (ed) *In Praise of Idleness*, pp 141–147. Abingdon, New York: Routledge. (Original work published 1935.)

Russell, B. (2004c) 'In Praise of Idleness' in B. Russell (ed) *In Praise of Idleness*, pp 1–15. Abingdon, New York: Routledge.

Russell, B. (2004d) '"Useless" Knowledge', in B. Russell (ed) *In Praise of Idleness*, pp 16–27. Abingdon, New York: Routledge. (Original work published 1935.)

Russell, B. (2006) *The Conquest of Happiness*, Abingdon: Routledge. (Original work published 1930.)

Ryle, M. and K. Soper (2002) *To Relish the Sublime? Culture and Self-Realisation in Postmodern Times*, London, New York: Verso. Salecl, R. (2011) The Tyranny of Choice, London: Profile Books.

Schor, J. (1998) *The Overspent American*, New York: Harper Perennial.

Schwartz, B. (2004) *The Paradox of Choice: Why More Is Less*, New York: Harper Collins.

Sen, A. (1999) *Development as Freedom*, Oxford, New York: Oxford University Press.

Sennett, R. (1998) *The Corrosion of Character: The Consequences of Work in the New Capitalism*, New York: Norton.

Shipman, T. (2011) 'State Workers Get Paid 7.5% More Than Private Sector

Staff', *Daily Mail Online*, 1 December (available at: www.dailymail. co.uk/news/article-2068378/State-workers-paid-7-5-private-sector-staff.html).

Shorthose, J. (2004) 'Like Summer and Good Sex? The Limitations of the Work Life Balance Campaign', *Capital and Class*, 82, pp 1–8.

Silverman, R. (2013) 'Desperate 1,701 Fight for Eight Costa Jobs', *Telegraph Online*, 19 February 2013 (available at: www.telegraph.co.uk/finance/ newsbysector/retailandconsumer/9881606/Desperate-1701-fight-for-eight-Costa-jobs.html).

Soper, K. (1999) 'Despairing of Happiness: The Redeeming Dialectic of Critical Theory', *New Formations*, 38, pp 141–153.

Soper, K. (2007) 'The Other Pleasures of Post-Consumerism', *Soundings*, 35, pp 31–40.

Soper, K. (2008) 'Alternative Hedonism, Cultural Theory and the Role of Aesthetic Revisionsing', *Cultural Studies*, 22, 5, pp 567–587. http:// dx.doi.org/10.1080/09502380802245829

Soper, K. (2013) 'The Dialectics of Progress: Irish "Belatedness" and the Politics of Prosperity', *Ephemera*, 13, pp 249–267.

Southwood, I. (2011) *Non-Stop Inertia*, Alresford: Zero Books.

Stiglitz, J., A. Sen and J. P. Fitoussi (2010) *Mis-Measuring Our Lives: Why GDP Doesn't Add Up*, New York: The New Press.

Taylor, P. and P. Bain (1999) '"An Assembly-Line in the Head": Work and Employee Relations in the Call Centre', *Industrial Relations Journal*, 30, 2, pp 101–117. http://dx.doi.org/10.1111/1468-2338.00113

Terkel, S. (2004) *Working*, New York, London: The New Press. (Original work published 1972.)

Thompson, E. P. (1967) 'Time, Work-Discipline and Industrial Capitalism', *Past & Present*, 38, 1, pp 56–97. http://dx.doi.org/10.1093/past/38.1.56

Thompson, E. P. (1976) 'Romanticism, Moralism and Utopianism: The Case of William Morris', *New Left Review*, 99, pp 83–111.

Thompson, P., C. Warhurst and G. Callaghan (2001) 'Ignorant Theory and Knowledgeable Workers: Interrogating the Connections Between Knowledge, Skills and Services', *Journal of Management Studies*, 38, 7, pp 923–942. http://dx.doi.org/10.1111/1467-6486.00266

Thoreau, H. (1962) 'Life Without Principle', in H. Thoreau, *Walden and Other Writings*, edited by J. Krutch, New York: Bantam Books.

Toynbee, P. (2003) *Hard Work: Life in Low-Pay Britain*, London: Bloomsbury.

Trade Union Congress (2013) '"Total" Unemployment in the UK is Nearly Five Million-Almost Double the Official Figures', 5 September (available at: www.tuc.org.uk/economic-issues/economic-analysis/labour-market/%E2%80%98total-unemployment-uk-nearly-fivemillion-%E2%80%93-almost).

Trade Union Congress (2015) 'Workers Contribute £32bn to UK Economy from Unpaid Overtime', 27 February (available at: www.tuc.org.uk/economic-issues/labour-market/fair-pay-fortnight-2015/workplace-issues/workers-contribute-%C2%A332bn-uk).

Turn2Us (2012) *Read Between the Line: Confronting the Myths About the Benefits System*. London: Elizabeth Finn Care / Turn2Us.

Tyler, I. (2013) *Revolting Subjects: Social Abjection and Resistance in Neoliberal Britain*, London, New York: Zed Books.

Waters, L. E. and K. A. Moore (2002) 'Reducing Latent Deprivation during Unemployment: The Role of Meaningful Leisure Activity', *Journal of Occupational and Organizational Psychology*, 75, 1, pp 15–32. http://dx.doi.org/10.1348/096317902167621

Weber, M. (2002) *The Protestant Ethic and the Spirit of Capitalism*, New York: Charles Scribner's Sons. (Originally published in 1904; first published in

English in 1930.)

Weeks, K. (2011) *The Problem with Work*, Durham, NC, London: Duke University Press. http://dx.doi.org/10.1215/9780822394723.

Weller, S. (2012) 'Financial Stress and the Long-Term Outcomes of Job Loss', *Work, Employment and Society*, 26, 1, pp 10–25. http://dx.doi.org/10.1177/0950017011426307

Whiteside, N. (1991) *Bad Times: Unemployment in British Social and Political History*, London: Faber and Faber.

Widerquist, K., J. A. Noguera, Y. Vanderborght and J. De Wispelaere, eds (2013) *Basic Income: An Anthology of Contemporary Research*, Chichester: Wiley-Blackwell.

Willis, P. (1991) *The Common Culture: Symbolic Work at Play in the Everyday Cultures of the Young*, Milton Keynes: Open University Press.

Withnall, A. (2014) 'Sweden to trial six hour public sector workday', *Independent Online*, 9 April (available at: www.independent.co.uk/news/world/europe/sweden-to-trial-sixhour-public-sector-workday-9248009.html).

Wright, E. O. (2010) *Envisioning Real Utopias*, London, New York: Verso.

Wright, S. (2002) *Storming Heaven: Class Composition and Struggle in Italian Autonomist Marxism*, London: Pluto Press.

Zawadzki, S. and P. Lazarsfeld (1935) 'The Psychological Consequences of Unemployment', *Journal of Social Psychology*, 6, 2, pp 224–251. http://dx.doi.org/10.1080/00224545.1935.9921639

Zukin, S. (1995) *The Cultures of Cities*, Cambridge: Blackwell.

译名对照表

A

阿克塞尔·霍耐特　Axel Honneth
阿莉·霍克希尔德　Arlie Hochschild
埃里奥·贝多利　Elio Petri
埃里克·奥林·赖特　Erik Olin Wright
埃里希·弗洛姆　Erich Fromm
埃伦·古德曼　Ellen Goodman
艾弗·索思伍德　Ivor Southwood
爱德华·格兰特　Edward Granter
安德列·高兹　André Gorz
安德烈·斯派塞　André Spicer
安德斯·海登　Anders Hayden
安德鲁·斯特迪　Andrew Sturdy

B

保尔·拉法格　Paul Lafargue
保罗·拉扎斯菲尔德　Paul Lazarsfeld
鲍勃·布莱克　Bob Black
本杰明·富兰克林　Benjamin Franklin
本杰明·亨尼克特　Benjamin Hunnicutt
彼得·伯格　Peter Berger
彼得·弗莱明　Peter Fleming

伯纳德·莱夫科维茨　Bernard Lefkowitz
伯特兰·罗素　Bertrand Russell

C

C. 赖特·米尔斯　C. Wright Mills
查尔斯·凯特林　Charles Kettering
查理·卓别林　Charlie Chaplin

D

大卫·格雷伯　David Graeber
戴维·坎农　David Cannon
戴维·柯林森　David Collinson
丹尼尔·贝尔　Daniel Bell
蒂姆·杰克逊　Tim Jackson
蒂姆·希普曼　Tim Shipman

E

恩格斯　Friedrich Engels
E. P. 汤普森　E. P. Thompson

F

法瑞尔·威廉姆斯　Pharrell Williams

菲利普·布朗　Philip Brown
芬恩·鲍林　Finn Bowring
弗赖尔　D. D. Fryer
弗朗哥·贝拉迪　Franco Berardi
弗雷德里克·泰勒　Frederick Taylor
傅立叶　Charles Fourier

G

格拉斯·库普兰　Douglas Coupland
《工人阶级上天堂》　*La classe operaia va in paradiso*
工作能力评估　Work Capability Assessment（WCA）
公民咨询局　Citizens Advice Bureau
国际劳工组织　International Labour Organisation（ILO）
《国民保险法》　National Insurance Act（1911）

H

哈勒尔·弗莱彻　Harrell Fletcher
哈里·布雷弗曼　Harry Braverman
汉娜·阿伦特　Hannah Arendt
汉娜·奥马霍尼　Hannah O'Mahoney
赫伯特·马尔库塞　Herbert Marcuse
赫尔加·迪特马尔　Helga Dittmar
亨利·福特　Henry Ford
亨利·梭罗　Henry Thoreau

J

J. K. 加尔布雷斯　J. K. Galbraith
贾斯廷·刘易斯　Justin Lewis
简·莫伊尔　Jan Moir
杰克·凯鲁亚克　Jack Kerouac
金·汉弗莱　Kim Humphery
就业支持津贴　Employment Support Allowance（ESA）

K

卡罗尔·布莱克　Carol Black
卡梅伦　David Cameron
凯恩斯　John Maynard Keynes
凯尔文　Peter Kelvin
凯瑟琳·凯西　Catherine Casey
凯特·赖利　Cait Reilly
凯特·索珀　Kate Soper
凯西·威克斯　Kathi Weeks
康拉德·洛兹亚克　Conrad Lodziak
科恩　Stanley Cohen
科林·克雷明　Colin Cremin
克劳斯·奥菲　Claus Offe

L

拉尔夫·费弗尔　Ralph Fevre
拉斯·冯·提尔　Lars Von Trier
赖尔　Martin Ryle
蕾娜塔·莎莉塞　Renata Salecl

理查德·桑内特　Richard Sennett
露丝·列维塔斯　Ruth Levitas
路易斯·泰鲁　Louis Theroux
罗宾·凯利　Robin Kelley
罗伯特·M.波西格　Robert M. Pirsig
罗伯特·布劳纳　Robert Blauner
罗伯特·莫顿　Robert Merton

M

马茨·皮尔海姆　Mats Pilhem
马克·费舍　Mark Fisher
马克思　Karl Marx
马克斯·海文　Max Haiven
马克斯·霍克海默　Max Horkheimer
马克斯·韦伯　Max Weber
马林塔尔　Marienthal
马修·科尔　Matthew Cole
玛丽·雅霍达　Marie Jahoda
玛利亚罗莎·达拉·科斯塔　Mariarosa Dalla Costa
迈克尔·毕利希　Michael Billig
麦肯纳　S. S. McKenna
梅丽莎·格雷格　Melissa Gregg
米兰达·裘丽　Miranda July

N

尼古拉·萨科齐　Nicolas Sarkozy

O

欧文·戈夫曼　Erving Goffman

欧洲五一节运动　Euro May Day movement

P

普尔伯格　Stanley Pullberg

Q

齐格蒙·鲍曼　Zygmunt Bauman
齐苏行动　Operation Zissou
乔安娜·贾勒特　Joanna Jarrett
乔治·L.马克兰　George L. Markland
乔治·奥斯本　George Osborne
乔治·赫伯特·米德　George Herbert Mead
求职者津贴　Jobseeker's Allowance

S

撒切尔　Margaret Thatcher
塞德斯特伦　Carl Cederström
塞尔玛·詹姆斯　Selma James
朔尔　Juliet Schor
斯塔凡·林德　Staffan Linder
斯特茨·特克尔　Studs Terkel

T

泰勒　Laurie Taylor
汤姆·霍奇金森　Tom Hodgkinson
特奥多尔·阿多诺　Theodor Adorno
特蕾莎·布伦南　Teresa Brennan
托马斯·莫尔　Thomas More

W

万斯·帕卡德　Vance Packard
威廉·巴勒斯　William Burroughs
威廉·贝弗里奇　William Beveridge
威廉·莫里斯　William Morris
沃尔特·克尔　Walter Kerr
乌尔里希·贝克　Ulrich Beck

X

新经济基金会　New Economics Foundation

Y

英国卫生与安全执行局　Health and Safety Executive (UK)

亚历克斯·卡斯纳比什　Alex Khasnabish
伊恩·邓肯·史密斯　Ian Duncan Smith
伊莫金·泰勒　Imogen Tyler
伊万·伊利奇　Ivan Illich
英国工会联盟　Trade Union Congress
英国贸工部　Department of Trade and Industry (UK)
约翰·阿什顿　John Ashton
约翰·加尔文　John Calvin

Z

扎瓦茨基　Bohan Zawadzki

图书在版编目（ＣＩＰ）数据

对工作说不 / （英）大卫·弗雷恩著；重命名小组译. -- 上海 : 上海文艺出版社, 2025. --（艺文志）.
ISBN 978-7-5321-9161-1
Ⅰ．C91
中国国家版本馆CIP数据核字第2025TG3179号

THE REFUSAL OF WORK
© David Frayne, 2015
Chinese simplified translation copyright © 2025 by Shanghai Literature & Art Publishing House
ALL RIGHTS RESERVED
This translation of The Refusal of Work is published by Shanghai Literature and Art Publishing House by arrangement with Bloomsbury Publishing Plc.
著作权合同登记图字：09-2023-1065

责任编辑：余静双
装帧设计：好谢翔

书　　名：	对工作说不
作　　者：	［英］大卫·弗雷恩
译　　者：	重命名小组
出　　版：	上海世纪出版集团　　上海文艺出版社
地　　址：	上海市闵行区号景路159弄A座2楼 201101
发　　行：	上海文艺出版社发行中心
	上海市闵行区号景路159弄A座2楼206室 201101 www.ewen.co
印　　刷：	苏州市越洋印刷有限公司
开　　本：	1092×787 1/32
印　　张：	9.75
字　　数：	163,000
印　　次：	2025年3月第1版 2025年3月第1次印刷
Ｉ Ｓ Ｂ Ｎ：	978-7-5321-9161-1/C.110
定　　价：	56.00元
告 读 者：	如发现本书有质量问题请与印刷厂质量科联系　T:0512-68180628